化妆品销售

超级口才训练与实战技巧

—情景案例版—

任学武◎编著

中国铁道出版社有限公司
CHINA RAILWAY PUBLISHING HOUSE CO., LTD.

内 容 简 介

化妆品导购工作是整个美容化妆品销售工作中最关键的环节，是把产品转换成货币的环节，而导购正是实现这一环节的关键人物。让顾客把钱掏出来购买产品是一个复杂的过程，必须有充足的、让顾客信服的理由。要想做到这一点，化妆品导购就必须掌握多方面的知识和技巧，全方位提升自身的业务素质。

本书在第一版的基础上新增了直播带货的情景口才训练与实战技巧。立足于化妆品销售实践，通过 110 个真实情景案例，用“错误应对+情景解析+实用技巧”的形式向广大化妆品导购详细阐述了在销售实践中可能遇到的各种问题及解决方法。本书特别适合化妆品导购、化妆品销售培训师、化妆品直播主播和从事与化妆品相关工作的人士阅读使用。

图书在版编目（CIP）数据

化妆品销售超级口才训练与实战技巧:情景案例版/任学武编著.—2 版.—北京：中国铁道出版社有限公司，2021.1
(2026.2 重印)
ISBN 978-7-113-27302-6

Ⅰ.①化… Ⅱ.①任… Ⅲ.①美容用化妆品-销售-口才学 Ⅳ.①F767.9②H019

中国版本图书馆 CIP 数据核字(2020)第 185090 号

书　　名：化妆品销售超级口才训练与实战技巧（情景案例版）
HUAZHUANGPIN XIAOSHOU CHAOJI KOUCAI XUNLIAN YU SHIZHAN JIQIAO (QINGJING ANLI BAN)
作　　者：任学武

责任编辑：巨　凤　　**编辑部电话：**(010) 83545974　　**邮箱：**herozyda@foxmail.com
编辑助理：王伟彤
封面设计：宿　萌
责任校对：焦桂荣
责任印制：赵星辰

出版发行：中国铁道出版社有限公司（100054，北京市西城区右安门西街 8 号）
印　　刷：中煤(北京)印务有限公司
版　　次：2018 年 10 月第 1 版　2021 年 1 月第 2 版　2026 年 2 月第 3 次印刷
开　　本：700 mm×1 000 mm 1/16　印张：15　字数：206 千
书　　号：ISBN 978-7-113-27302-6
定　　价：55.00 元

前言

提起化妆品销售工作，很多人会不屑地认为：卖东西还不简单？其实不然，导购是一种综合了营销学、心理学、礼仪学等多门学问在内的综合性职业。

我们经常会听到这样的对话：

“下午陪我去化妆品店逛逛吧！”

“好的，你想买什么？”

“我也不知道，就想去逛逛！”

“你不知道自己想买什么吗？”

“我没有什么特别想买的……先逛逛再说。”

“先逛逛再说”是大部分顾客刚走进化妆品店时的状态。很多时候，顾客都是在漫无目的地“闲逛”“乱逛”“瞎逛”。但有时候，本来不知道要买什么的顾客却拎着各种化妆品心满意足地回家了。

其实，女性顾客往往容易冲动消费，常常是碰巧看到某件化妆品不错就买下了，或者被店里的导购说服，买下原本自己没想买的产品。也就是说，不管顾客是否想要购买，只要她们来了，对导购来说就是一次机会。那么，怎样才能抓住机会、促成销售呢？这需要导购掌握多方面的知识和技巧，比如：如何洞悉顾客心理，如何吸引和接近顾客，如何向顾客介绍商品，如何向顾客报价，如何处理顾客的异议，如何促使顾客做出购买决策等。能做到这些，才是一个优秀的导购。

想要成为优秀的导购，就需要主动出击，在每一次面对顾客时尽力争取机会。导购不但要有“主动”的意识，更要有“出击”的本领，不然错误的“招数”不但无法实现成交，还会引起顾客的反感，不仅是当下，就连以后的生意也做不成了。所以，导购需要的是全方位的学习和提升，这也是写作本书的目

的所在。

本书针对化妆品导购在销售中可能遇到的问题，做了全方位的深入探讨，以“错误应对+情景解析+实用技巧”的方式将化妆品销售过程中常见的110个情景案例逐一展现，并给出有效解决问题的对策。在每一个销售情景中，通过对错误应对方式的分析提醒导购在沟通过程中可能出现的错误，并对不同情景进行专业知识、方法技巧的讲解，给出正确的情景对话并分析沟通对话中的成功之处，帮助化妆品导购应对销售过程中出现的各种问题，从而提升自身的沟通能力。

特别值得一提的是，本书在第一版的基础上新增了直播销售情景口才训练与实战技巧，能够使电商主播通过口才表达快速建立观众对自己和产品的信任，拉近与观众之间的距离，从而实现快速转化，提高在直播平台上的成交率。

本书共分为9章，内容主要包括：接待进店顾客情景训练、挖掘细分顾客需求情景训练、产品推介情景训练、顾客体验产品情景训练、应对顾客拒绝情景训练、化解顾客异议情景训练、促成顾客购买情景训练、提高顾客忠诚度情景训练、直播销售情景训练，向化妆品导购详细阐述了销售中可能遇到的各种问题及解决方法，具有很强的借鉴参考价值，能让化妆品导购在面对同样的问题时轻松自如、游刃有余地解决问题，从而大幅度提高销售业绩。

本书旨在帮助化妆品导购切实分析和解决销售工作中各种常见或棘手的问题，实用性很强，特别适合化妆品导购、化妆品销售培训师、化妆品直播带货主播和从事与化妆品相关工作的人士阅读使用。

编　者

2020年8月

目 录

第一章

Chapter 01

接待进店顾客情景口才训练与实战技巧

销售口才

导购与顾客交谈之前，需要恰当的开场白。开场白的好坏几乎可以决定销售的成败，换言之，好的开场白就是导购成功的一半。导购灿烂的微笑与得体的接待都会给顾客留下良好的第一印象，进而让顾客有兴趣购买所推荐的产品。

01 情景演练 顾客进店后随意地闲逛

NO ✕ 错误应对示例

1. “您好，欢迎光临，您先随便看看。”

高手指点 顾客本来就打算在店里闲逛一会儿，如果导购再这么应对顾客，顾客就真的会随便看看，然后离开店铺。

2. “您需要什么功效的化妆品？我可以给您推荐一款最适合您的。”

高手指点 顾客通常会对过于主动的导购产生抵触心理，过于主动的问话会给顾客带来压力。

3. “您先随便看看，了解一下，有什么需要可以随时叫我。”

高手指点 顾客一开始可能是在闲逛，但如果产生购买需求，导购又不在旁边，她又该去找谁呢？

WHY 深度情景解析

一些女性热衷于逛街，她们在逛化妆品店时可能并没有怀揣着特定的购买目的，只是随便看看，放松一下心情，这对于随便逛逛的女性来说，就已经达到心理上的一种满足了。但女性往往也容易感性消费，如果看到自己非常喜欢的产品或者导购的推荐正好满足了其购买心理，即使她们当时并没有购买意图，也仍然会选择购买。

对于这类顾客来说，她们逛店的主要目的就是为了放松，因此她们更倾向于在一种轻松、舒适、没有任何压力的环境下浏览产品，也希望从

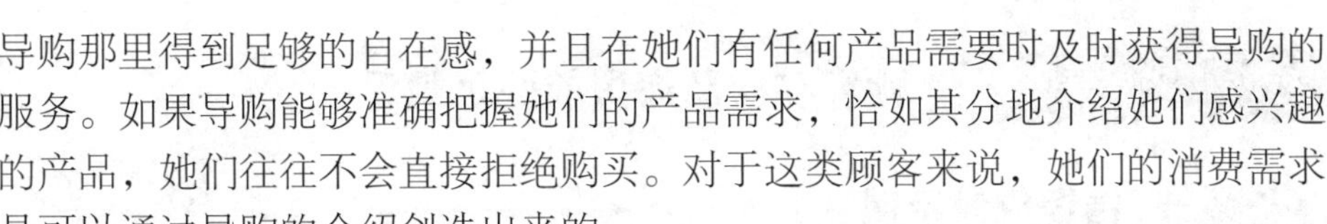

导购那里得到足够的自在感，并且在她们有任何产品需要时及时获得导购的服务。如果导购能够准确把握她们的产品需求，恰如其分地介绍她们感兴趣的产品，她们往往不会直接拒绝购买。对于这类顾客来说，她们的消费需求是可以通过导购的介绍创造出来的。

在接待随意闲逛的顾客时，可以采用以下应对技巧：

尊重闲逛顾客在店铺内自由走动、随意浏览产品的意愿

注意观察顾客的动向，当其有需求时及时上前服务

应对技巧

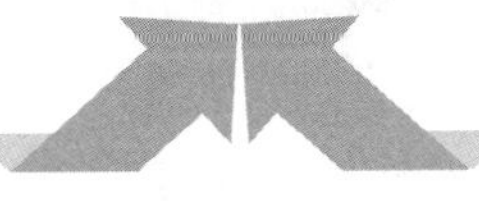

通过问候、观察和询问判断顾客的进店意图

当顾客已经在店铺内逛了一会儿后，要主动上前向顾客推荐产品

YES √ 实战强化训练 1

导购：“美女，早上好！以前没见过您，是第一次来我们店吧！您先随便看看，有需要可以叫我。我叫宋璇，您喊我小宋就行。那我先不打扰您了，您慢慢看。”

金牌技巧点拨

导购给了顾客自由浏览的空间，满足了其随便闲逛的心理，并且向顾客做了简短同时方便记忆的自我介绍，能让顾客在想了解产品时叫出导购的名字，从而达到推销的目的。

YES √ 实战强化训练 2

导购：“您好，看您已经逛了一会儿了，有没有看到自己喜欢的产品呢？如果不知道哪一款适合您，我非常乐意帮您介绍。我叫王芳，是这个店的美容顾问，做化妆品已经有 6 年了，一般的皮肤保养问题我都可以帮忙解决。”

金牌技巧点拨

当导购观察一位顾客逛到店铺 2/3 左右的空间时，一定要主动上前沟通。这位导购一开始并没有直接向顾客推销产品，而是向顾客表明自己的工作经验和能力，让顾客相信自己是专业的，这样更容易接纳自己的意见，为后续的工作做好铺垫，能够有效地留住顾客。

02 情景演练 顾客在产品海报前驻足观看

NO × 错误应对示例

1.“您好，这是国际知名品牌，很多人都在用。”

高手指点 每位顾客对于产品的需求是各不相同的，有的顾客可能看重品牌，有的顾客可能看重实惠。如果过于强调品牌，就会丢失追求实惠的顾客。

2.“这是最新上市的一款眼霜，含有角鲨烷、活酵母提取物等 16 种活性成分。”

高手指点 顾客购买化妆品时，最想了解的是其能给自己带来什么功效，应该以浅显易懂的话语给顾客说明，而这一说法过于专业，顾客不仅听不明白，还可能误认为是在欺骗她消费。

3.“外边天气这么热，您不如进店休息一下喝杯水，我给您详细介绍一下我们的产品。”

高手指点 对于新顾客，这种说话方式未免过于热情，顾客不仅不会产生进门了解的想法，还有可能转身就走。

WHY 深度情景解析

美容化妆品门店销售的不仅是化妆品，实质上更是在销售美丽。作为销售美丽的场所，门店橱窗、门店店头自然不能丢失美丽的本色。为了吸引顾客的目光，促使顾客产生兴趣，化妆品店经常会在店头张贴引人注目的海报和促销 POP。

导购或者店主发现店外有顾客驻足观看橱窗或者海报后，在接待这类顾客时要遵循“515”法则。

所谓“515”法则，就是指顾客在店外驻足 5 秒之内，导购应该立刻观察到并在 15 秒之内予以接待。如果超出这个时间，顾客很有可能会降低兴趣，然后离开。

由于顾客在店外，导购应该想办法使顾客走进店内。导购在接待这类顾客之前，要能准确地判断出其感兴趣的产品，在接待时及时地将与之相关的产品资料递给顾客，然后为其进行简单的讲解和介绍，刺激顾客产生进店了解的欲望。

一般来讲，吸引店外顾客进店的方法主要有以下几种。

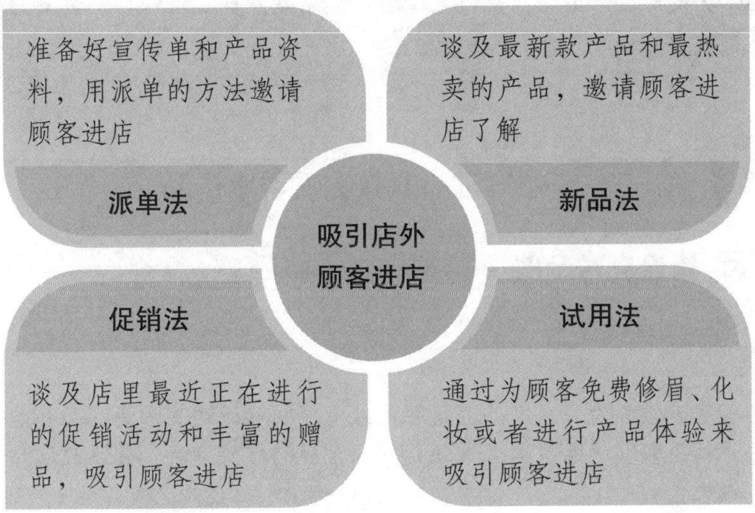

吸引店外顾客进店

派单法：准备好宣传单和产品资料，用派单的方法邀请顾客进店

新品法：谈及最新款产品和最热卖的产品，邀请顾客进店了解

促销法：谈及店里最近正在进行的促销活动和丰富的赠品，吸引顾客进店

试用法：通过为顾客免费修眉、化妆或者进行产品体验来吸引顾客进店

YES √ 实战强化训练 1

导购："美女，您是不是在看××牌的护肤品？冬天到了，天气变得很干燥，咱们的皮肤也应该开始注重防冻和保湿了。××是国际驰名品牌，品质自然是有保障的，价格也很适中。要不您进店来免费体验一下？这边请！"

金牌技巧点拨

导购从一开始就对顾客感兴趣的产品做出了准确的判断，然后从季节话题入手，引发顾客共鸣，并通过介绍国际知名品牌及其价格实惠的特点，以减轻顾客的经济压力，最后通过自然的邀请手势和话语将顾客邀请进店体验。

YES √ 实战强化训练 2

导购："美女，上午好！您对海报上的××牌护肤品感兴趣吗？这是这款护肤品的产品资料，您可以浏览一下做些了解（将产品资料递给顾客）。这款护肤品是秋冬季保湿润颜的很好选择，还有防冻的效果。另外，这款产品是新品上市，如果您今天购买还可以获得一个精美大礼包，机会难得，错过了很可惜。当然，我只是提一个建议，您不需要马上做出决定，您可以到店里来体验一下，感受一下真实的效果再做考虑，这边请！"

金牌技巧点拨

导购对顾客感兴趣的产品做出准确判断后，利用派单法吸引顾客注意，并对产品的功能特性做重点介绍，紧接着提到赠品，加大对顾客的刺激力度，然后对其邀请，利用试用法将其领进店内。

03 情景演练 顾客进店直接去看香水产品

NO ✕ 错误应对示例

1. “您好，欢迎光临，请问您需要看化妆品还是护肤品呢？”

高手指点 顾客直接去看香水产品，说明已经有了明确的购买方向，而导购却完全无视了顾客的购买需求，还是按照常规的接待方法，最终只能导致顾客流失。

2. “美女，是需要香水吗？您比较喜欢清雅一点儿的还是厚重一点儿的呢？”

高手指点 导购虽然已经把握到了顾客的意图，但言语中的销售目的太过于强烈，容易引起顾客反感。

3. “您好，目前这款香水很多人都在用，非常热销，需要我为您介绍一下吗？”

高手指点 虽然有些顾客确实会存在从众心理，认为买的人多的就是好产品。但有的顾客会有自己的选择对象和范围，知道哪些适合自己，哪些不适合，而一旦遇到这种顾客，导购还这么推销及问话，顾客通常会直接拒绝。

WHY 一 深度情景解析

顾客进入化妆品门店后不看其他商品，而是直接去看香水产品，说明顾客已经有了明确的购买目的。这类顾客大多会购买自己熟悉的香水品牌或者香水用完了再次购买。她们在购买过程中不希望被导购打扰，自主性较强，在找到所需要的产品后也会马上支付并离开店铺。

对于这类顾客，除非是顾客自己主动要求，否则导购主动向顾客推荐甚至接待过于热情，都会让顾客产生不愉快的心理感受，安静选购、不被打扰才是这类顾客的主要心理需求。导购在不打扰顾客的同时，要注意观察顾客，当看到顾客完成选购后，要做到服务快捷，迅速完成核价、收银、开单、包装等一系列动作，给顾客留下一个好印象。

接待目的明确的顾客有以下四点技巧。

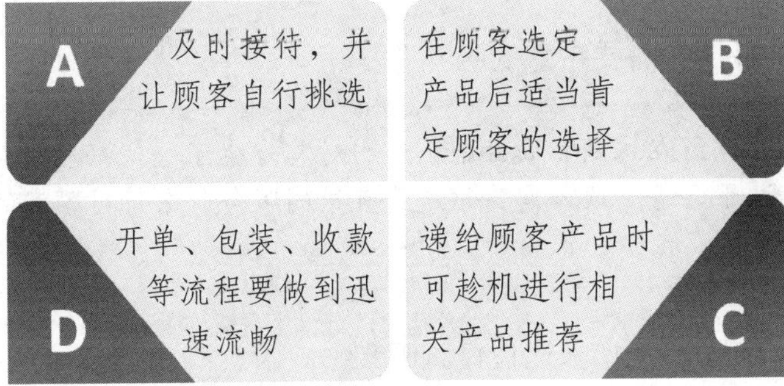

实战强化训练 1

导购：“美女，是选购香水吧！我看您对香水挺了解的，挑选的品牌也都很不错，眼光也非常准。那您先慢慢挑选，挑好了就告诉我，我帮您包装开单。”

金牌技巧点拨

导购首先表达了对顾客的赞美与认可，随后让顾客自行挑选，并告诉顾客可以为她提供的服务，在言语中做到进退有度。

实战强化训练 2

导购：“您好！您现在看的这款香水非常不错，香型也非常适合您。现在正值冬天，您现在选择的这款香水属于花香型，香气比较浓郁，正好适合现在的季节，会给人一种温暖、热烈的感觉。而且这个品牌本身的知名度和口碑都很好，价格也很实惠，是非常不错的选择。目前这款香水有 50 ml 和 75 ml 两款，您选择哪一款呢？”

金牌技巧点拨

导购首先肯定了顾客选择的产品，拉近了与顾客的距离，然后对产品进行了详细的分析，坚定顾客购买信心，最后使用封闭式提问法引导顾客成交。

04 情景演练 顾客停下脚步盯着某款护肤品看

NO ✕ 错误应对示例

1. “您好，有什么需要帮您的吗？”

高手指点 顾客既然停留在这款护肤品前，说明对其产生了一定兴趣，而导购的问法太过于含蓄。顾客需要的是更直接的服务，应针对顾客的需求进行推荐。

2. “您要这款吗？那您来这边付款吧！”

高手指点 这种问法太过于急躁了，会引起顾客的反感，即使顾客本来有意愿要购买，最后也会因为这句话而打消购买的念头。

3. “您看的这款护肤品是进口品牌，非常高端，无论是上班还是聚会、社交等场合都非常适用。”

高手指点 在没有准确了解到顾客的真实需求之前，介绍的产品未必符合顾客的心理预期。

WHY 深度情景解析

当顾客进入店铺之后，先是在店铺随便走动，看了几眼商品，突然在某一款护肤品前驻足细看，这就表明顾客看到了自己感兴趣的产品或者找到了自己想要购买的目标产品。顾客在这个时候通常会把产品拿在手上详细观看并开始四处寻找导购。如果是某一品牌的专柜，顾客就会要求导购把产品拿出来进行仔细观看。

在这时顾客会因为找到了满意的产品而心生喜悦，并想要与人分享这份

喜悦，心中充满了想要表达的欲望，这就是导购再次接触顾客的最佳时机。

导购此时就可以流露出为顾客找到满意的产品而高兴的神情，拉近与顾客的距离，让顾客感受到我们对她的亲近态度，通过巧妙的赞美和对顾客选择的产品表示肯定来加强顾客购买的信心。

巧妙赞美顾客的技巧

- 您的眼光真是太好了！
- 您的品位真不错！
- 您的眼光真是厉害！
- 您还真是行家！
- 恭喜您选到了一款顶级产品！

实战强化训练 1

导购：“美女，看您这么开心，是选到喜欢的产品了吧！您选的是哪一款呢？我看看是不是适合您。哇，看来您确实选到了一款顶级产品！这款乳液是国际品牌×××的经典系列产品，能够有效调理肌肤，令肌肤柔嫩且充满弹性，还能抑制黑色素生成，防止日晒引起的黑斑、色斑，有效调理出健康、雪白的肌肤。这款乳液有试用装，您可以体验一下效果如何。”

金牌技巧点拨

导购一开始就站在顾客的角度设身处地为顾客考虑，并在看到顾客选购的产品后，对顾客的选择进行适当赞美，与顾客产生亲近感，然后对产品的功效有针对性地进行讲解，增强顾客的购买信心，并引导顾客试用，形成良好的产品体验。

实战强化训练 2

导购：“美女，您看中×××品牌了吧！×××是国际知名的护肤品牌，效果和品质肯定没得挑剔，价格也很合适。您看的是面霜，想选保湿功效的还是美白功效的呢？”

顾客：“你有什么建议吗？”

导购：“选择面霜要根据肤质、肤色来选择。您的皮肤白皙，肤质看起来也不错，这款保湿面霜就很适合您，这款面霜以植物精粹制成，长效保湿，紧致锁水，能有效补充肌肤水分。您可以试用一下，用完后就会感觉肌肤水水的，很滋润。”

金牌技巧点拨

导购首先对顾客选购产品进行巧妙的赞美，其次说明了产品的特色及使用效果，在向顾客做出推荐后，及时导入了产品试用环节，让顾客能实际体验产品效果，增强顾客的购买欲望。

05 情景演练 顾客与同伴一起购买产品

NO ✕ 错误应对示例

1. “您好，欢迎光临，请问几位有什么需要？”

高手指点 这种问法太过于平常了，无法准确判断具体是哪位有购买需求，也就不能有针对性地进行后续推介。

2. “几位早上好，你们哪位要选购产品呢？”

高手指点 顾客并不会如你所愿地告诉你是谁想买产品，一般会回应一句“我们就随便看看”。

3. “您好，几位是一块儿选购，还是我分别给你们介绍一下呢？”

高手指点 这种问话有刻意隔离顾客的意思，容易引起顾客的抵触，导致顾客直接离店。

WHY — 深度情景解析

女性无论是购买衣服还是护肤品，往往会几个人结伴而行，单独出行的很少。这就意味着如果其中一位顾客有购买意向，可能会引起群体的购买，从而给导购创造高额的销售业绩。但如果应对不当，一个顾客的反对也会让本来已经产生购买意向的顾客放弃购买，最终导致销售失败。

从一般情况来看，在群体顾客中存在着不同的角色扮演，分别充当了领导者、跟随者和反对者等。导购一定要注意仔细观察，了解她们在群体中的不同角色，既要尊重并热情接待每位顾客，也要找到重点顾客，并把追随顾客拉拢过来，把反对顾客分开接待。导购的最终目的是要把产品销售出去，因此要逐一消除她们的反对意见，最终达成群体共同意见。

对于不同角色的顾客，有不同的接待技巧。

不同角色的顾客

- **领袖顾客**：在辨明其身份后，进行重点接待，当面赞美其气质、穿着、发型、眼光、皮肤等，并发掘其具体需求，尽快成交
- **跟随顾客**：要礼貌热情地打招呼，在得到领袖顾客的认可之后，可借助她们说服对方，并由导购妥善引导
- **反对顾客**：不能直接与其争辩，要灵活处理，维护其面子，在无法顾及时，可安排其他导购分开接待处理

YES √ 实战强化训练 1

导购：“美女们，欢迎光临！我们这里的化妆品、护肤品种类齐全，价格优惠。大家可以放心选购，希望都能找到满意的产品！”

金牌技巧点拨

导购对顾客热情接待并一视同仁，并没有表现出差别对待的意思，让顾客们能在轻松、愉悦的环境下选购产品。

YES √ 实战强化训练 2

导购：“你们好，几位美女的感情一定特别好！衣服、包包、鞋子都一样。看来要是有合适的化妆品，也要买成一样的吧？不过买不买不重要，关键是姐妹们能在一起逛街，开心就好了。我们店的化妆品和护肤品能让各位美女在逛街时显得更漂亮，还能增加姐妹情谊和美丽经验！大家慢慢选，要是有合适的，我到时候向店长为各位申请一些折扣。”

金牌技巧点拨

导购首先通过观察群体顾客的共性，拉近与顾客的距离后，接着弱化了销售目的，减轻了顾客的心理压力；最后，利用顾客追求优惠的心理，主动向顾客提出折扣，吸引顾客购买。

06 情景演练 进店顾客脸上长着暗斑

NO ✗ 错误应对示例

1.“您好，欢迎光临，请问您是购买祛斑产品吗？”

高手指点 顾客的需求是多样化的，不代表脸上有暗斑就一定是购买祛斑的产品，在没有了解清楚顾客的需求前不要轻易下结论。

2.“您好，有什么可以帮您的吗？”

高手指点 这种问话太过于平常了，难以得到顾客的有效回应，顾客听到这句话只会简单地敷衍你一句。

3.“您好，我们有一款祛斑精华露，您有没有兴趣了解一下？”

高手指点 推销目的太过于强烈，一进门就直接跟顾客推销会引起顾客的抵触心理，很容易遭到顾客的拒绝。

WHY 深度情景解析

爱美是女人的天性，一位脸上长着暗斑的顾客既然已经走进了美容化妆品店，就说明她或多或少有一定的购买需求。这时候，只要导购适当引导，顾客就很容易产生购买意向。

不过，顾客刚刚进店，面对一些陌生的人和环境，难免会感到不安，处于一种防备的状态，而且由于这类顾客脸上长有暗斑，心理承受能力较为脆弱，如果导购直截了当地询问顾客非常容易伤及对方的自尊，引发顾客不满，从而愤怒离店。

因此，对待这类顾客一定要注意照顾顾客的自尊，说话要得体，让对方感觉到她是被尊重对待的，这一点非常重要。

通过热情接待让顾客有一种宾至如归的感觉，如：“欢迎光临××品牌店！”

通过自然问候的方式接待顾客，如：“早上好”“下午好”“您好”等

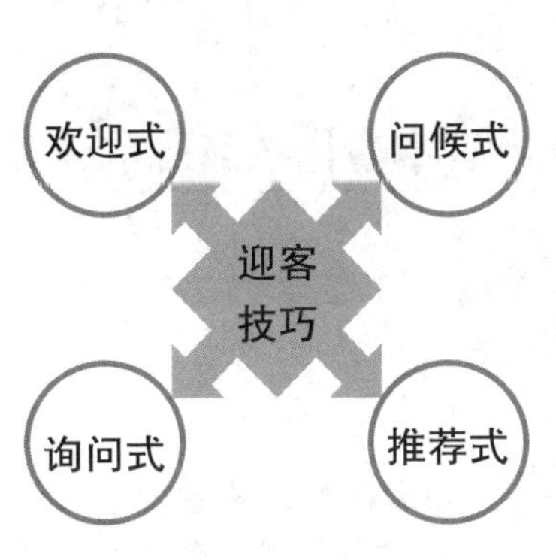

通过直接询问了解顾客需求，如：“请问有什么可以为您服务的？”或“您是需要××还是需要××？”

在了解顾客情况后，直接向顾客推荐产品，如：“需要我为您详细介绍一下××吗？因为它具有可以使您……的功效”

YES √ 实战强化训练 1

导购：“美女！欢迎光临××专卖店。我们店根据顾客不同的需求推出了美白养颜、抗皱护肤及祛斑除疤等各种功效的护肤品，价格也非常合适！尤其祛斑产品是我们的主打产品。您是想先随便看看还是让我为您先介绍一下呢？”

金牌技巧点拨

导购首先通过对产品和价格的介绍，从中判断顾客的需求，然后委婉地探寻顾客需求，最后以退为进，给顾客留有余地，避免带给顾客太大的压力，让顾客能轻松购物。

YES √ 实战强化训练 2

导购：“您好，欢迎光临××品牌，请问您是想看哪类护肤品呢？”

顾客：“您看我脸上有一些暗斑，所以想了解一下，看有什么产品祛斑效果比较好？”

导购：“我们这里有几款产品的祛斑效果挺不错的，不过产品要根据每个人的皮肤状况来选择，每个人长斑的原因是不同的。我先免费给您做个皮肤测试，

然后问您几个问题，帮您具体分析一下原因，再为您推荐合适的产品，您看可以吗？”

金牌技巧点拨

导购通过巧妙询问，引导顾客主动表明需求，避免了主动提及顾客脸上的状况，在顾客说出需求后及时回应，并以一种专业的态度帮助顾客解决问题，增强了顾客的信任感，为后续销售做好铺垫。

07 情景演练 顾客拿着化妆品传单进店

NO ✕ 错误应对示例

1. “您好，欢迎光临！您先随便看看吧。”

高手指点 语言表达过于平淡，顾客既然是被宣传单吸引进来的，导购就要适当地提及这一点，而导购完全忽视了顾客手上的宣传单。

2. “美女，是想买宣传单上的××产品吗？”

高手指点 顾客在宣传单上看到某件产品后可能只是想先了解一下，购买欲望不是很强烈，太过于直接的询问容易引起顾客反感。

3. “您好，您是从哪里获得这张宣传单的呢？”

高手指点 这种问话或多或少会让顾客有一种被审问的感觉，影响顾客本来想进一步了解的欲望。

WHY 一 深度情景解析

美容化妆品的消费不同于其他生活必需品，美容化妆品是一种明显的暗示型消费。顾客既然是拿着美容化妆品宣传资料进店的，说明顾客此时的需求很明显，已经有了想要了解该产品的意愿。但仅仅有宣传单上的资料并不足以让顾客最终确定需求，顾客此时的信心很容易因为其他因素的影响产生动摇。

导购在接待这类顾客时，先要对顾客拿着宣传单进店的行为表示充分肯定，认可顾客的行为，同时通过适当询问了解顾客的产品需求，并进一步强化顾客的兴趣和信念。导购可以通过这两种方式进一步调动顾客的购买积极性，促进销售最终成交。

让顾客对店铺和导购产生好感有一定的技巧可循：

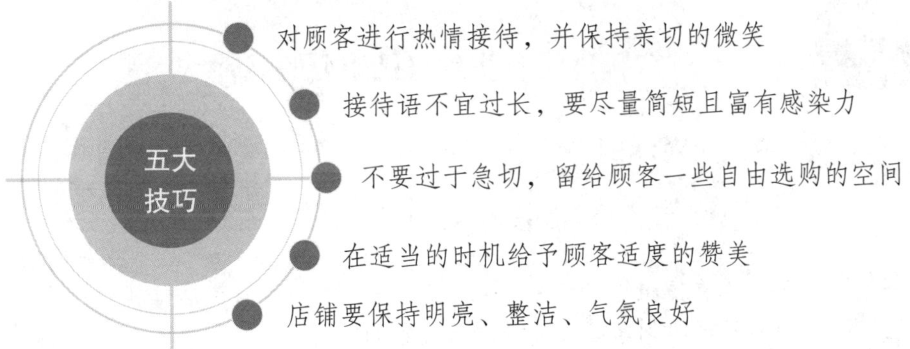

YES √ 实战强化训练 1

导购：“美女，您眼光真是不错！这宣传单上介绍的眼霜是我们这个月的最新款。这款眼霜以玫瑰精华和胶原蛋白为主要成分，长期使用能改善浮肿、淡化黑眼圈、平滑细纹，让您的双眸更动人，更显年轻。目前市场上还没有同类的眼霜，您既然看到了，而且又非常适合您用，您不妨考虑一下。要不我拿试用装为您试一下效果吧！”

金牌技巧点拨

导购首先肯定了顾客的眼光，然后对眼霜的成分、功效进行了简明扼要的说明，并进一步强调产品的独特性，引发顾客深入了解的兴趣，并将产品与顾客进行关联，自然地导入产品体验环节。

YES √ 实战强化训练 2

导购：“美女，您拿的这张宣传单不是我们这里的，我们店没有这个品牌的祛痘霜。不过我们这里也有好几款祛痘产品的效果非常不错，也都是知名品牌，成分安全性高。您既然走到了我们店，这就是缘分，我把这几款产品都拿过来，您仔细挑选一下，肯定能找出一款让您满意的祛痘霜。”

导购一开始就坦诚告诉顾客没有这一品牌的事实，但并没有放弃顾客，而是自然地介绍店里的品牌产品，对顾客提出合理的建议，并给出顾客选择的余地，即使是误打误撞的顾客，导购也没有错过向其推销产品的机会。

08 情景演练 顾客没有找到自己想要的品牌

NO ✕ 错误应对示例

1. “非常抱歉，我们店确实没有××品牌。”

高手指点 这种回答直接拒绝了顾客，也放弃了向顾客推销自己店铺其他产品的机会，顾客听到回答后会马上离开你的店铺。

2. “您说的那个品牌效果不是很好，我帮您介绍一款好用的吧！”

高手指点 要知道，顾客既然来找那个品牌，说明对该品牌有一定的信任，导购这一回答不仅否定了顾客的选择，顾客还会认为导购在恶意诋毁，从而对店铺心生反感。

WHY 深度情景解析

只有少数的顾客对品牌有着极强的忠诚度，而大部分的顾客只是想找到适合自己的产品。在店铺没有该品牌的情况下，导购要首先肯定顾客的选择，在拉近与顾客的距离后，再按照顾客所需要的品牌产品的信息点（品牌定位、产品系列和价位等）来跟自己店内的产品进行对应匹配，切记不能随便推荐。如果顾客坚持要指定品牌，也可以给顾客一些建议，让顾客通过其他的渠道购买。

导购在接待这类顾客时一定要注意，不能为了尽快达成销售就随意指出顾客原本想要品牌的不足，这很容易引起顾客的反感。如果顾客坚持说要她指定的品牌产品，也不可让顾客强行试用店内的其他产品。

YES ✓ 实战强化训练 1

导购：“看来您对护肤品牌很了解，您找的那款品牌的美白系列产品效果确实很不错，我们这周也新出了一款美白系列产品，效果非常好，不亚于您找的××品牌，我们这儿正好有试用装，我拿来给您试下效果吧！”

金牌技巧点拨

导购对顾客的选择给予了充分的肯定，在一定程度上消除了顾客的戒备心理，然后趁机推出自己店铺的产品，并表明产品功效，引起顾客兴趣后，迅速导入产品体验环节。

YES √ 实战强化训练 2

导购：“不好意思，我们店内目前确实没有这款产品，您可以考虑在品牌的官方旗舰店进行网购。除了这款产品，您还需要什么吗？我们店最近进了不少新品，××（产品）特别适合您的肤质，现在正在做活动，价格特别优惠。我也可以先赠送您一些产品小样，您试试效果。”

金牌技巧点拨

导购在确定了顾客一定要指定品牌后，向顾客提供了其他的购买途径——网购，这样一来，顾客可能会因此表示感谢。最后无论顾客是否购买店内产品，都可以赠送顾客一些产品小样，不要放走任何一个对潜在顾客进行销售的机会。

09 情景演练 顾客认为店里的化妆品太少

NO × 错误应对示例

1. “您好，虽然我们这里化妆品少，但是价格很优惠啊！”

高手指点 导购在不了解顾客看重的是品牌还是价格之前，不要提关于产品价格优惠或者质量好等方面，因为我们说的并不一定符合顾客的心理需求。

2. “美女，您想要什么功效的我们这里都有啊！”

高手指点 既然顾客已经提出了店铺化妆品太少的疑问，导购再这么跟顾客解释未免太苍白无力了。

WHY 一 深度情景解析

顾客提出这种疑问多是因为在店铺没有找到其感兴趣的产品，也可能是

因为长时间逛街或者产品看得过多，导致对产品产生了审美疲劳。其实无论我们的店铺的产品是多还是少，顾客在没有了解它们都有什么特点之前都会觉得种类太少。

面对顾客提出的化妆品太少的异议，导购首先要给予充分的理解，然后自然地将顾客的思路引导到什么样的产品才能满足顾客的需求上，这样就能够轻松化解顾客的异议，既给足了顾客面子又进一步了解了顾客的真实需求。

化解顾客提出的“化妆品少”异议的技巧

- 先认同顾客意见，给足顾客面子
- 感谢顾客提的建议，并了解顾客的真实想法
- 根据经验为顾客介绍合适的产品
- 巧用“但是”等转折词自然过渡到产品介绍

YES √ 实战强化训练 1

导购：“美女，非常感谢您对我们提出的意见。您说得没错，我们店的产品确实不多，但每件产品都有它独特的功效。我刚刚看您一直在关注爽肤水，请问您是想要补水效果好一点儿的产品，还是美白效果好一点儿的产品呢？”

金牌技巧点拨

导购首先对顾客提出的异议给予了充分理解，之后自然地把话题转移到产品上，最后就可以通过提问准确判断顾客的需求，有针对性地进行推介。

YES √ 实战强化训练 2

导购：“您好，您说的产品种类少这一问题确实存在，也有顾客反映过，不过最后他们都选购到了合适的产品。因为我们老板喜欢比较有特色的产品，有

几款我觉得非常适合您。来，这边请！我向您介绍一些具有特色的产品，您想先看口红，还是……”

金牌技巧点拨

顾客觉得产品种类少多是因为没有找到合适的产品，这时就需要导购的推荐。导购巧妙地回复了顾客的异议，将顾客的关注点转向店铺的特色，消除顾客疑虑，也方便导购进行后续推销。

10 情景演练 顾客问：“你们这里有没有××化妆品”

NO ✗ 错误应对示例

1. “不好意思，您说的××化妆品我们这里没有。”

高手指点 这等于是直接拒绝了上门来找我们的顾客，导购的工作不只是简单地告诉顾客有还是没有，而是要引导顾客的需求。

2. “没有，但我们的品类很齐全，您可以了解一下其他的。”

高手指点 既然品类齐全，为什么没有顾客想要的呢？顾客既然来直接问××化妆品，就要在了解顾客的具体需求后再进行有针对性的介绍。

3. “您好，有的，在这边，您现在买吗？”

高手指点 销售目的太过于强烈了，顾客刚进入店铺，就开始催促顾客付款，会引起顾客的反感，对成交不利。

WHY 一 深度情景解析

顾客直接来问有没有××化妆品，说明顾客有明确的购买意向。对待此类顾客，无论这一款化妆品有还是没有，都要想方设法留住顾客。优秀的导购人员不仅要满足顾客需求，还要学会引导潜在顾客发现自己的需求。

如果自己的店铺没有顾客需要的这款化妆品，就可以根据顾客需求推荐同品类的产品。推销时不能太过直白，比如，我们注意到顾客黑眼圈比较严重，就要先帮顾客分析黑眼圈产生的原因，中间不要提产品，最后在分析完原因后可以向顾客推荐适合的产品。顾客在感受到我们的专业性之后，通常不会拒绝我们的推销。

如果自己的店铺正好有顾客需要的这款化妆品，导购就可以直接带领顾客到具体位置，然后要适当地肯定顾客的选择，称赞顾客的眼光，并迅速做好包装、下单等后续服务。

YES √ 实战强化训练 1

导购：“美女，您说的这款眼霜我们这里没有，不过您找的眼霜主要是用于消除黑眼圈的，是吗？”

顾客：“是啊，你也看到了，我的黑眼圈比较严重，就想找一款能有效消除黑眼圈的产品。”

导购：“引起黑眼圈的原因有很多种，像作息时间不规律、情绪不稳定、眼疲劳等，虽然眼霜有淡化黑眼圈的功效，但在平时要注意保持规律作息，睡眠充足，精神愉快，避免用眼疲劳。最近我们店新出了一款眼霜，顾客的反馈效果都还不错，要不我拿试用装过来，您先试用一下吧？”

金牌技巧点拨

导购并没有直接给顾客推荐产品，而是在分析产生黑眼圈的原因之后再向顾客推荐，顾客感受到导购的用心，就难以直接拒绝导购的建议。

YES √ 实战强化训练 2

导购：“美女，您的眼光真好，这款化妆品是我们店的明星产品，美白效果非常不错，卖得也很快，回头客很多，而且我们现在有买产品赠试用装活动，非常实惠。”

金牌技巧点拨

导购首先认同了顾客观点，赞同顾客的选择，并适当表明了该产品的畅销性，最后利用一些促销手段促使顾客尽快下单购买。

11 情景演练 顾客只想自己挑选

NO ✕ 错误应对示例

1.“那不好意思，您慢慢挑吧!”

高手指点 虽然跟顾客道歉了，但导购的最终目的是要把产品卖出去，而这种应对方式欠缺进一步服务的意愿，还会让顾客感到导购对其不耐烦的态度。

2.“好的，那我站在旁边，您先挑。”

高手指点 顾客既然想自己挑，就说明她不想被导购打扰，导购如果还是站在顾客旁边，只会引起顾客反感，无法让顾客感受到得体的服务。

3.“美女，我们店里的化妆品种类比较多，我怕您不知道哪种适合您，还是我跟您一块儿挑吧!”

高手指点 这种应对方式无疑会激怒顾客，属于过度执着、不识趣的回答。顾客可能会因为这句话直接离店。

WHY 一 深度情景解析

每位顾客的购物习惯都不同，不同顾客也有不同的心理特征。同样的接待方式不一定适合每一位顾客。导购一直不断地在顾客身边说个不停，有的顾客可能会觉得导购真热情，而有的顾客可能就会觉得被导购烦扰了。提出要自己挑选的顾客，往往希望能在比较安静的环境中购物，希望在进行了综合考虑之后做出理性判断，而不是受到导购的影响，做出可能会让自己后悔的选择。如果导购太过于热情，反而会让顾客觉得反感和被侵犯。

面对此类顾客时，导购就要及时调整接待策略，满足顾客“自己挑选”的要求，不要再过多地跟顾客推销，向顾客表达歉意之后就迅速离开顾客身边，留给顾客自由挑选的空间，这样不仅能安抚顾客被冒犯的心理，还会让顾客对导购产生良好印象。

针对顾客想自己挑选，不希望被打扰的情况有一些应对技巧。

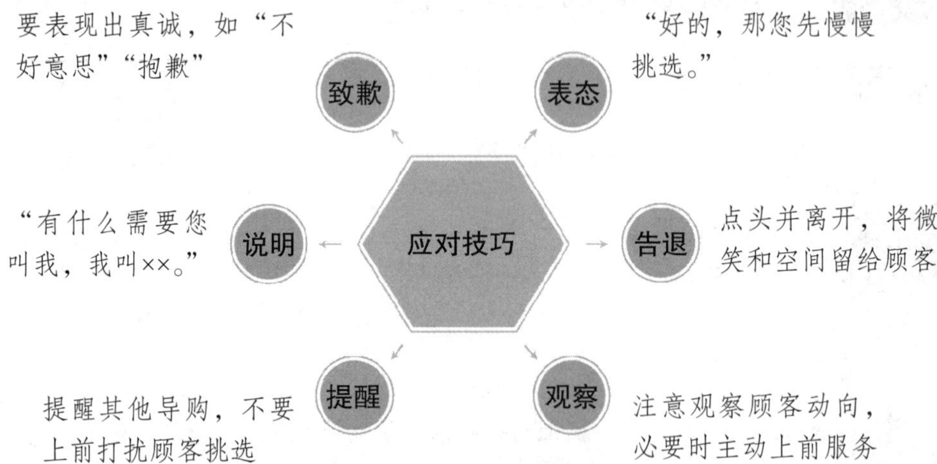

YES √ 实战强化训练 1

导购：“那真是抱歉了，是我没有考虑到您的实际需要。既然在这方面您是行家，那我就不打扰您了。您放心挑选，我会提醒其他同事也不要随意打扰您，您要是有什么需要可叫我，随时恭候为您服务！”

金牌技巧点拨

导购首先对自己的行为表示道歉，同时也对顾客进行了巧妙恭维，然后做出了正确的补救措施，最后表达了对方需要帮助时会及时提供服务的意愿。

YES √ 实战强化训练 2

导购：“好的，没问题！既然您喜欢自己挑选，那我就不打扰您了。您挑选产品过程中需要什么服务可以随时叫我。我叫赵玉，您叫我小玉就可以了，很乐意为您服务！”

金牌技巧点拨

导购把主动权让给顾客，让顾客自己挑选，并简单作了自我介绍，让顾客在有需要时知道叫谁服务，在给顾客留有空间的同时，也给自己后续推销提供了可能。

12 情景演练 顾客随便看到某件化妆品就问价格

NO ✕ 错误应对示例

1. “这款口红价格非常便宜，只需要 99 元。”

高手指点 我们觉得 99 元的口红很便宜，顾客不一定也这么认为，顾客通常会说：“太贵了，这还便宜啊！”

2. “在产品前边都有标价的，您可以自己看一下。”

高手指点 顾客既然是在问我们，那么我们就不能让顾客自己去看标价，这看着像是回答了顾客的问题，但并没有看到顾客真正的需求。

3. “这套化妆品是今年的新品，限量 3000 套，价格也不是很贵，960 元一套。”

高手指点 顾客听到这个价格后，可能会想：这还不贵啊，多少钱算贵啊，贵死人了，然后顾客会转头离开你的店铺。

WHY — 深度情景解析

想必每位导购都会遇到顾客询问价格的时候，可以说顾客随意问价是一种自然的习惯性行为。顾客此时可能并没有明确的购买意向，只是把询价作为了解产品信息的一种途径和形成心中最终决策的一种参考依据。其实完美回答顾客随意的问价对导购来说是一项很大的挑战。导购如果直接回答顾客多少钱，顾客难免会觉得贵，然后转头就走；导购如果不回答，又会丧失一个不错的销售机会。

要想解决这一困境，就要把问题转到对导购成交商品有利的方面去回答，避免与顾客陷入价格争辩。具体的转化方式为：“您对这款产品有兴趣，是吗？”如果顾客回答“是”，就可以将问题转化到产品是否能满足顾客具体的需求上；如果顾客回答“不是”，就可以借此了解顾客的具体需求，创造推销其他产品的机会，从而摆脱顾客的问价。

导购在应对顾客随意问价时，可适当运用以下技巧：

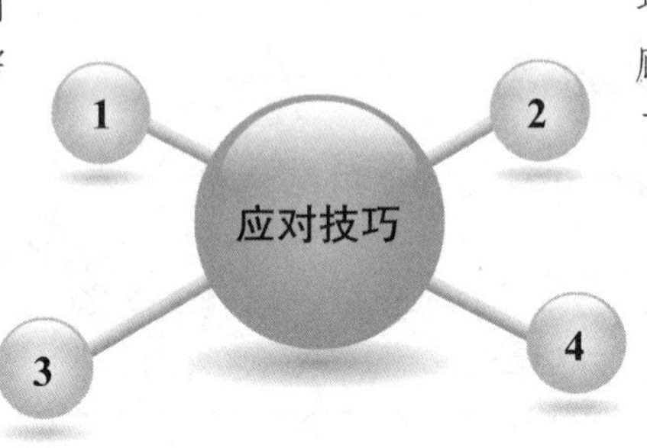

1. 避开直接回答价格，确保产品能满足顾客的需求之后再谈价格
2. 巧妙地将问价转化到顾客对产品满意度的了解上
3. 不直接说出价格，对顾客的价格承受范围进行把握
4. 推荐产品时，价格从高到低；产品介绍时，价格从低到高

YES √ 实战强化训练 1

导购：“美女，您问的是这款面霜吧？您是挑中这款了吗？”

顾客：“我就是随便问问。”

导购：“那看来您对这款面霜不是很满意。那您对面霜有什么要求，比如在价格、成分、效果和品牌方面，您把要求告诉我，我一定尽力帮您选到一款令您满意的面霜。”

金牌技巧点拨

导购没有直接告诉顾客价格，而是通过询问先了解顾客对产品的兴趣度，在得知顾客的兴趣度不高之后，将问题转化为对顾客需求的了解，从而解除了问价难题。

YES √ 实战强化训练 2

导购：“您好，看您比较喜欢这款化妆品彩妆七件套是吗？”

顾客：“对，我觉得这款彩妆七件套还不错，比较适合我，多少钱一套呢？”

导购：“美女，您眼光真好！这款彩妆七件套是刚到的 2018 年限量版，而且是国际知名品牌。您边看我边给您介绍吧！您看套盒的外观，这是由设计师精心设计的。您打开盒子，里边囊括了化妆套刷、彩妆 78 色眼影盘、旋转眉笔、眉卡、干湿两用粉扑、粉底刷、气垫 BB 霜等彩妆工具及产品。这是一款内外俱佳的彩妆组合套装，绝对可以媲美数千元的顶级彩妆产品，价格只需 480 元一套。产品绝对物超所值，性价比很高，非常适合像您这样魅力非凡的年轻白领使用！本产品是限量发售的，我们店目前也只有 8 套，早买早划算哦！”

金牌技巧点拨

导购了解到顾客的兴趣点之后，先对顾客的眼光表示肯定，对顾客进行心理暗示，然后将产品递给顾客，再次确认顾客的兴趣度，并对套装进行全方位并且有重点的介绍，在经过层层铺垫，确认了顾客的购买意向后，给出报价。最后告知顾客该套装属于限量发售，增加顾客购买的紧迫感。

13 情景演练 顾客看了一会儿就沉默离开

NO ✕ 错误应对示例

1. “我们店有几款新品，很不错的，我带您看看吧！”

高手指点 顾客已经要离开店铺了，导购才来推荐新品，时机过晚，顾客不一定会留下来继续了解。

2. “请您走好，欢迎您下次再来。”

高手指点 顾客进来看了一会儿就要走，说明店铺的产品没有激起消费者的购买欲望，顾客对店铺也没有留下什么特别的印象，而对于无法让顾客留下印象的店，顾客是不会考虑再来的。

3. “您先别着急走，再看一看吧，总有合适的。”

高手指点 这是完全无效的一种挽留顾客的方式，而且带有一点儿强留顾客的意思，会引起顾客反感。

WHY 一 深度情景解析

顾客之所以在店铺看了一会儿就沉默离开，是因为没有看到自己感兴趣的产品，店铺里的产品并不能引起顾客的购买欲。在一般情况下，当顾客已经逛完了店铺的 2/3 空间时，导购一定要主动上前跟顾客沟通，这是能使顾客留店时间延长的最佳时机点。一旦错过这个时间点，顾客往往会因为意兴阑珊而很快离店。

顾客既然已经进入了店铺，导购就不能轻易放弃顾客，让其自行离开，毕竟每一位顾客都可能带来销售额的增长。导购在发现顾客有离店的意图时，要及时运用有效的方法来留住顾客。策略一般包括逻辑和感性两个方面，目的是让顾客对店铺重新产生兴趣，留下来继续选购产品。

导购挽留顾客离店的方法如下。

心理上

要清楚每一位顾客都是宝贵财富，不能轻易放弃

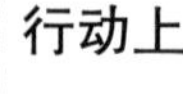

利用积极站位，有效截留欲离开的顾客

利用直接开口法、最后机会法、利益法、请教法等各种方法留客

情感上

以微笑、真诚、热情留客

YES √ 实战强化训练 1

导购：“美女，您等一下，我可以请教您一个问题吗？”

顾客：“什么问题？”

导购：“您在我们店看了一会儿，什么也没说，是没有看到您满意的产品还是我们的服务有什么问题呢？请您告诉我原因，让我也有机会改善，好吗？多谢您了！”

金牌技巧点拨

导购以向顾客请教问题的方式留下了顾客，后续就可以通过询问找到顾客沉默离开的原因，并对症下药，使顾客留店的概率大大增加。

YES √ 实战强化训练 2

导购：“您好，没有看到满意的产品吗？今天是我们店 10 周年店庆的最后一天，有很多优惠和漂亮精致的礼品，过了今天就没有了。一年只有一次这么大的促销，错过就可惜了！您有什么需要了解的产品吗？我可以帮您参谋一下，这样您可能就挑到满意的产品了，机会难得，不买一些自己喜欢的产品就太遗憾了！”

金牌技巧点拨

导购并没有直接向顾客推销产品，而是利用最后机会法+利益法刺激顾客产生消费兴趣，并在最后对顾客的情感要素进一步刺激，激发顾客的购买欲望。

YES √ 实战强化训练 3

导购：“美女，看您选了一会儿，没有看到合适的吗？”

顾客：“是啊，看了半天，也不知道选什么。”

导购：“我们店里的产品种类多，确实比较容易挑花眼。不过您周末既然是来逛街的，也不赶时间，就可以多看看，说不定就能挑到合适的了。来我们店的很多顾客都是这样，第一次没有挑到，但之后再挑，说不定就会挑到自己满意的产品了。”

金牌技巧点拨

导购先认同了顾客的看法，再通过讲述其他顾客的案例，促使顾客留下来继续选购，而顾客可能会因为从众心理的影响，在该店铺继续选购。

14 情景演练 老顾客再次进店购买化妆品

NO × 错误应对示例

1. “您好，欢迎光临！有什么可以为您服务的？”

高手指点　对待老顾客的方式和对待新顾客一样，太平淡了，会让老顾客感觉到不被重视，削减再次购买的热情。

2. “张女士，好久没见过您了啊，今天打算买点什么呢？”

高手指点　顾客通常都不喜欢太过直接地寒暄，好像双方就只是为了交易，这样很难维护导购与老顾客之间的关系。

3. “张女士，来了啊，您先随便看看，有什么需要叫我。”

高手指点

对老顾客不够热情，太过随便，会让老顾客感觉受到怠慢，老顾客往往希望从店家那里得到比新顾客更多的关注和重视，而不仅仅只是为了购买产品。导购对新老顾客应区别对待，给予老顾客更多关注。

WHY 一 深度情景解析

对待老顾客的方式一定要区别于新顾客，既要把她们当作最尊贵的客人，也要把她们当作亲近的好朋友，这才是老顾客希望在店里感受到的东西，只有老顾客的情感得到满足后，才有可能与老顾客建立起牢固的客户关系，使老顾客重复购买，成为最忠实的顾客。

1. 要记住老顾客的姓名、皮肤状况、上次购买的产品等相关信息

这是作为一个导购最基本的素质。只有准确地记住这些信息，当老顾客再次光临的时候，才不至于重复第一次购买过程中询问的问题，如果导购能准确说出老顾客的信息，她们会觉得自己被店家重视，也会对化妆品店和导购产生更多的信赖感。

2. 把老顾客当成最尊贵的客人对待

老顾客是店内宝贵、优质的顾客资源，理应得到导购更多的关心和重视，让她们感受到与新顾客不同的待遇。无论什么时候，当老顾客进店时，一定要热情地接待。

3. 把老顾客当成朋友一样接待

导购与老顾客的关系不能仅仅停留在交易上，导购应该把老顾客当成朋友，当老顾客进店时，除了热情有加地接待外，也要适当与其寒暄聊天，不要太着急推荐产品。对老顾客的信息有了更多了解之后，也会增进彼此之间的感情，以后的销售工作就比较轻松了。

YES √ 实战强化训练 1

导购：“张女士，欢迎光临，有一段儿时间没见您了，您的皮肤真是越来越好了，怎么样，我上次推荐给您的产品用着还可以吧……您今天是想找点儿什么呢？”

金牌技巧点拨

因为是老顾客，导购显得更热络，像朋友一样跟顾客寒暄，并适当赞美了顾客目前的皮肤状况，让她对店内产品更有信心。再次向顾客推荐产品时，不要表现得太急切，让客人心生不悦，可以在寒暄过后进行。

YES ✓ 实战强化训练 2

导购：“张女士，欢迎光临！真是好久没见您了，依旧这么漂亮。对了，您上次提到的那款面霜，现在有货了，您要不要试试呢？”

金牌技巧点拨

导购记得老顾客的姓名以及上次购物时提出的要求，让老顾客感受到了自己是被重视的，适度的赞美也让老顾客的心情更好。

第二章

Chapter 02

挖掘细分顾客需求情景口才训练与实战技巧

销售口才

我们常说“女为悦己者容”，其实每一位女性都有购买美容化妆品的需求。女性为了追求漂亮年轻，往往很容易去购买化妆品，美容化妆品消费需求挖掘的关键就在于要不断刺激顾客对美的追求。

15 情景演练 顾客没有理会我们的产品，而是去其他柜台

NO 错误应对示例

1. “您好，是不满意我们的产品吗？”

高手指点 顾客既然对我们的产品看都不看，要么是对我们的产品不了解，要么是觉得有不合适的地方，如此询问顾客，我们并不会得到有价值的信息，顾客可能会回一句“不合适”。

2. “我帮您详细介绍一下吧，有几款我觉得挺适合您的。”

高手指点 顾客不会停下来听我们的介绍，还会认为我们在浪费她的时间。我们都没有了解到顾客的具体需求，怎么知道顾客适合用哪些产品呢？

3. “您是觉得我们的价格太贵了吗？”

高手指点 这会让顾客觉得我们认为她买不起才选择其他柜台的，顾客不仅不会搭理我们，还会对我们整个柜台留下不好的印象。

WHY 深度情景解析

决定销售成败的关键是顾客的需求，当顾客连看都不看我们的产品时，说明她对我们的产品不满意或者并不了解我们的产品。真正的优秀导购，是先找到顾客真正需要的是什么，再根据顾客的需要提供与之相适应的产品和服务。导购要学会思考：假如顾客要购买一款化妆品，那么是希望可以解决自身哪些问题呢？不要围绕产品做文章，一定要围绕着客户的需求，让顾客和我们产生共鸣，甚至唤醒顾客沉睡的需求。永远只给顾客想要的，千万不要给自己想给的。

在询问这类顾客为什么不选择我

们的产品的问题时，一定要表现得真诚。如果把营销比作一场博弈，那么真诚就是我们的一张王牌。顾客不会选择让自己没有安全感的导购推介的商品，一切信任的建立首先来自对方的真诚，如果能让顾客感受到诚意，顾客可能会重新考虑选择购买我们的产品。

YES √ 实战强化训练 1

导购：“您好，冒昧打扰一下，请问您为什么不选择我们的产品试试呢？”

顾客：“我觉得你们的产品不太适合我的皮肤。”

导购：“是这样啊，那麻烦您配合我们做一次调查好吗？就耽误您一分钟，谢谢！这是送您的一份精美礼品。”

顾客：“好吧。”

导购：“您经常用的化妆品是什么牌子的？您认为您最适合什么品牌？您喜欢的颜色是什么……”

（顾客对导购的问题一一做了回答）

导购：“根据您所说的这些情况，我认为您属于混合型皮肤，最好选用既能补水保湿，又能平衡肌肤水油分布的产品，这样在皮肤情况好转之后，肤色也会有一定程度的提亮。最近我们有一款产品，客户反馈都不错，我拿来给您试试吧！”

金牌技巧点拨

导购首先了解到顾客对产品不满意的原因，然后使用调查询问法推断顾客的需求，通过详细调查，掌握了问题背后的问题，这时就能有的放矢地推荐产品，攻克顾客的戒备心理，从而成功地说服顾客。

YES √ 实战强化训练 2

导购：“美女，打扰一下，我看您一进来就直接往里边走，是已经有意向产品了吗？”

顾客：“我听说你们的产品效果不是很好。”

导购：“您之前是不是听说过我们品牌的一些化妆品，但觉得没有效果？”

顾客：“对，所以我就想找效果好的。”

导购：“您说得对，买化妆品最重要的就是要有效果，不然也没必要买了。但耳听为虚，眼见为实，您也不能仅凭听说就直接否定了我们的产品。不如您进来，我先免费帮您做一下皮肤测试，然后根据您的皮肤情况，给您推荐一些合适的产品试试效果，就当您也有多一次尝试的机会，买不买没关系，您先了解一下，万一我们的产品非常适合您呢？”

金牌技巧点拨

导购通过提问得知，顾客之所以看都不看是因为对产品效果不信任，然后根据顾客的异议做出解释，并提出免费帮顾客做皮肤测试，不会让顾客感觉到压力，在顾客放松戒备之后，就可以进行后续推销。

16 情景演练 如何询问顾客的购买需求

NO 错误应对示例

1. “您好，您皮肤看起来属于油性的，是想买清爽控油的产品吗？”

高手指点 对顾客需求的判断太过于主观了，有可能判断错误，在不能准确了解客户的肤质前，不要随便猜测。

2. “美女，想买什么香水呢？”

高手指点 顾客不一定是来买香水的，店里的化妆品那么多，我们怎么就能肯定顾客需要的一定是香水呢？

3. “您好，欢迎光临！请问您想买哪方面的化妆品？”

高手指点 这一问题的范围太宽泛了，顾客可能不知道怎么回答，通常会随便敷衍我们，购买产品也就不了了之。

WHY 深度情景解析

俗话说：“货卖齐全，货卖堆山。”尤其是对于美容化妆品来说，种类非常丰富、数量繁多，除了一些常见的彩妆和护肤品之外，还可能有一些小型的家用美容设备。单单就口红来说，店铺里可能就有几十种颜色、上百种款式。因此，导购事先准确了解顾客需要美容化妆品的具体类别就显得非常有必要，这样既可以节省待客时

间，也能使介绍更加具有针对性。

看到顾客进店后，导购不必急于推销产品，可以先进行适当的接洽寒暄，等对方适应店铺的环境之后再了解顾客所需的产品类型，从大类别深入到小类别，最后明确顾客所需要的具体产品。在询问过程中，导购要随时与顾客进行确认，避免推荐错误，使顾客对我们产生误会。

当导购发现顾客进门后，要注意从以下三个方面观察顾客。

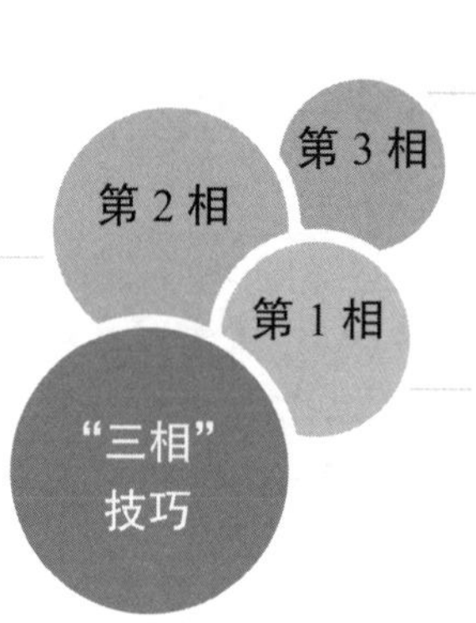

YES √ 实战强化训练 1

导购：“您好，欢迎光临！需要帮忙挑选吗？”

顾客：“下周我们公司要举办年会，家里的化妆品都用得差不多了，我想挑一些合适的彩妆。”

导购：“没问题。一个漂亮的妆容至少需要粉底、腮红、眼影、睫毛膏和口红。您想看哪几样呢？”

顾客：“我想看一下粉底和口红。”

导购：“可以，我会按照您的皮肤肤色帮您挑选粉底。另外，口红您是考虑哪个色系呢？”

顾客：“还是橘色系吧！”

导购：“好的，那我先帮您挑好粉底和口红，其他的等挑好这两样再说，这样可以吗？”

金牌技巧点拨

导购通过对顾客进行一步步地深入询问，了解到顾客的具体需求，因此向顾客进行了着重推荐，同时也为下一步的推销提供了可能。

YES √ 实战强化训练 2

导购：“下午好！美女，是想了解护肤品还是彩妆呢？”

顾客：“现在天气比较干燥，而我的皮肤又属于干性的，所以想买点儿补水产品。”

导购：“如果只是想补水，精华水、保湿霜和补水面膜都很合适。”

顾客：“这么多种啊，那我应该用哪一种好呢？”

导购：“这要根据您的皮肤状况进行判断。您的皮肤是干性，失水比较明显，还有轻微起皮，如果不好好保养，冬天可能更严重。根据您的皮肤情况，建议您使用保湿霜，强力补水，能有效修复起皮，还具有收缩细小皱纹的功效。”

顾客：“行，那听你的，就保湿霜吧，你多拿几个品牌我挑一下。”

金牌技巧点拨

导购直接通过二选一的方法询问出顾客需求，并根据顾客的回答分析出顾客的购买类别不是很明确。然后，通过帮助顾客分析皮肤情况，为顾客提供专业的护肤建议，从而赢得了顾客的信赖。

17 情景演练 顾客购买化妆品考虑哪些方面

NO × 错误应对示例

1. “您好，买化妆品重在效果，贵不是问题，您说呢？”

高手指点 大多数顾客都希望自己买到的产品是物美价廉的，如果太贵，顾客认为不值得，也不会多做考虑的。

2. “美女，这款面霜是所有同类产品中价格最低的，非常合适。”

高手指点 如果顾客正好更看重品质和效果，这句话将对顾客不起任何作用，相反，顾客还会觉得我们在小看她买不起贵的产品。

3. “您好，您看一下这款，是国际品牌，绝对是护肤产品的首选品牌。”

高手指点 每位顾客对产品的关注点不同，品牌不一定是顾客最关注的决策因素，不可随意推荐。

WHY 一 深度情景解析

很多情况下，女性容易受到一些其他因素的影响，引发情绪化消费或冲动消费，但不排除其中也含有理性的因素。女性购买化妆品时的三大决策要素通常是品牌、使用效果以及价格，理性因素包括配方、成分、安全性、方便性等，而感性因素如潮流、时尚、口碑、他人使用反馈等，这些都会对顾客的决策产生一定程度的影响。

每位顾客在选购化妆品时都有侧重点，因此导购必须要对每位顾客的购买点进行深入了解，准确把握顾客关注的购买因素，理顺其中的先后顺序，再进行针对性的介绍。比如，对注重价格的顾客要强调物超所值；对追求个性的顾客要强调时尚和潮流；对注重品牌的顾客，要强调产品的知名度。

导购探寻顾客选购化妆品的决策因素是有一定技巧可循的：

探寻技巧

主动询问顾客，给顾客提供可选择的答案，确定顾客的重点决策因素

自然地过渡到产品介绍上

说明赞同顾客的理由，逻辑要严谨

对顾客的选择表示认同，并给予恰当的赞美

YES ✓ 实战强化训练 1

顾客：“我买化妆品只选择国际品牌，一般的化妆品白给我，我都不用！”

导购：“哇，真羡慕您！品牌是身份和品位的体现，只要消费能力跟得上，当然要选择有知名度的国际品牌了。您一看就是有身份、有品位的人。不知道您常用的化妆品品牌有哪些呢？”

金牌技巧点拨

导购对顾客的选择表示认同并适当地恭维客户，增加顾客对导购的好感度，然后进一步了解顾客的品牌喜好，引起顾客进一步交谈的兴趣。

YES √ 实战强化训练 2

导购：“美女，您选择化妆品主要看重什么？”

顾客：“自然是使用效果了。如果没有效果，钱不是白花了嘛！”

导购：“您说得非常对！买化妆品就是为了让自己变得更漂亮，使用效果当然非常重要，只要产品效果好，价格高点儿您也可以接受，对吗？”

金牌技巧点拨

无论顾客最关注什么，首先要肯定顾客的选择，然后对顾客的关键决策因素进行锁定，最后进行有针对性的产品推荐。

18 情景演练 顾客说：“我用什么化妆品都没有效果”

NO × 错误应对示例

1. “那您可能是用的时间比较短，时间长了就有效果了。”

高手指点 顾客只是说没有效果，但并没有明确表明她使用了多长时间，我们怎么知道顾客用的时间比较短呢？

2. “那我给您推荐一款吧，肯定有效果。”

高手指点 回答太过于绝对了，顾客既然说用什么都没有效果，就说明顾客已经尝试过很多品牌了，我们这么回答顾客，她只会认为我们是为了推销。

3. “那可能是因为您用的产品价格比较便宜。”

高手指点 都不知道顾客用的是什么产品，我们怎么知道产品价格便宜呢？这样说不仅会引起顾客反感，还很容易激怒顾客。

WHY 一 深度情景解析

顾客觉得用什么化妆品都没有效果，这其中存在很多因素，这些因素导致化妆品的使用效果没有达到顾客的心理预期。

环境因素

影响因素

个人因素　　产品搭配因素

1. 环境因素

环境会影响化妆品使用的效果，具体而言，包括湿度、温度、紫外线强度等指标。比如，在温度高的情况下，顾客可能会感觉到产品比较油腻。此外，温度和湿度因素还会影响到皮肤对一些成分的吸收。而紫外线强度的不同，则导致使用美白产品后的效果不同。

同时，不同季节使用同一款产品也会有不同的使用效果。比如，一款在冬季使用时感觉不够滋润的护肤霜，在其他季节可能就会有不错的效果。

2. 个人因素

顾客皮肤的差异也决定了个人的偏好和使用效果。顾客的年龄、肤质以及皮肤状态的不同都决定了适合每个人的护肤品是不一样的。

比如，一位肤色暗沉的顾客使用了一款美白产品，皮肤有了明显变白。但如果换成一位肤色白皙的顾客来使用，可能就感觉不到有明显效果了。

3. 产品搭配因素

顾客使用产品，有时并不是单一品牌的产品，而是很多产品综合使用，究竟是一个品牌成套使用，还是 A 品牌的精华和 B 品牌的面霜混用？不同的使用搭配也会对最终效果产生不小的影响。当顾客对产品效果产生异议时，就可以从以上三个影响因素来进行综合分析。

YES ✓ 实战强化训练 1

导购：“美女，每个人的皮肤肤质和皮肤状态都是有差异的，适合的化妆品也不一样。这样吧，我先给您免费做个皮肤检测，根据您的肤质帮您挑几款适合您的产品，您先试用一下看看效果。”

金牌技巧点拨

导购通过对每位顾客皮肤状态不同的解释，让顾客对此有了一个基本的认识，然后向顾客解释之前的化妆品为什么不起作用，与顾客建立关系，顾客就更容易信任导购，方便导购后续的产品推荐。

YES √ 实战强化训练 2

导购：“您好，请问您平时用化妆品是成套使用还是不同品牌的单品混合搭配呢？”

顾客：“我都是混着一块儿用的，想看看哪个有效果。”

导购：“您要知道咱们的皮肤是分为很多层的，每一层‘吃’的养分都不一样，所以护肤品建议您整套使用效果更好哦，这样才能让皮肤的每一层都得到滋养。”

金牌技巧点拨

顾客往往会因为混搭化妆品的产品导致最终的产品效果不理想，而导购利用自己对化妆品的了解给顾客提出了合理的建议，让顾客有一种恍然大悟的感觉，顾客也会因此相信导购的建议，促进导购的产品销售。

19 情景演练 顾客听朋友推荐来买化妆品

NO X 错误应对示例

1. “哦，那款化妆品好像不太适合您。”

高手指点 即使真的是这样，也不能如此直接地告诉顾客，应充分考虑到对方的情绪。

2. “那请问您是不是也需要买一套呢？”

高手指点 顾客从进店到购买是需要一个接受过程的，导购过快地跟顾客提出交易，只会适得其反。

3. “请问您的朋友也是我们店的顾客吗？她是在我们店买的××面霜吗？”

高手指点 这种问话带有一种审问的意思，顾客会从心里抵触这种问题，更别说购买产品了。

WHY 深度情景解析

经由朋友推荐的顾客，购买意向往往比较强烈，由于顾客朋友的原因，使顾客在进店之前就已经对产品有了基本的信任。她们对产品有很大的期待和兴趣，只要导购适当引导，就能激起她们购买的欲望。

对于这类顾客，导购要保持与顾客一致的立场，同时对顾客及推荐者的眼光给予肯定和赞赏，不需要去刻意卖弄自己的专业，也不要试图改变顾客的主观意愿。只要顾客觉得产品很合适，导购就要干脆利落地提出成交。此时，做一个彬彬有礼的服务者比扮演一个美容专家要有用得多。

对于听朋友推荐进店的顾客可以通过说下面的话来进行引导。

聪明的女人都善于听取别人的意见

跟别人分享好产品能收获更多的快乐

引导技巧

有智慧的女人都能够做自己的决定

如果产品效果好，也请向亲朋好友推荐

YES ✓ 实战强化训练 1

导购：“美女，您朋友真是给您推荐了一款好产品！这款产品的美白效果非常不错，对改善您的皮肤很有帮助。这款产品属于功能性比较强的产品，其中果酸成分是从多种水果中提取的精华，美白效果非常好。不过有些顾客初次使用时可能有过敏反应，我先在您手腕内侧做个过敏测试，如果没有问题，您就可以放心购买了。在测试的 10 分钟内，我可以多给您介绍一些美白的美容疗法。”

金牌技巧点拨

导购首先肯定顾客朋友的推荐，并简单介绍了产品的成分及功效，让顾客对此有一些了解，并主动要求为顾客做过敏实验，有效地预防了可能产生的使顾客感受不好的问题，也能让顾客感受到导购的专业。

YES √ 实战强化训练 2

导购：“看来您和您的朋友都很有眼光！这款产品能深入补水，持久保湿，持续使用能使肌肤紧实润泽，富有弹性。这款产品适合所有肌肤，安全可靠，不用担心过敏问题，是我们店的明星产品，口碑非常好。您可以放心使用，护肤效果绝对一流。好朋友的推荐，值得信赖，给您拿一套吧！”

顾客：“好的，那帮我拿一套。”

导购：“谢谢，马上帮您包装开单。如果您使用效果不错，也别忘了向您其他好朋友推荐哦！谢谢您！”

金牌技巧点拨

导购肯定了顾客及顾客朋友的眼光，并说明了产品的价值以及对顾客的适用性，然后直接促成交易，并在最后提出向亲朋好友推荐的请求。

20 情景演练 顾客想买补水产品

NO ✕ 错误应对示例

1. “您好，补水产品有很多种，您需要哪一种呢？”

高手指点 在化妆品上，导购的专业性肯定要优于顾客，而这一回答等于将问题直接推回给顾客，顾客感受不到化妆品导购自身的专业素质。

2. “那我帮您推荐一款，这个品牌的补水精华就不错。”

高手指点 在还没有准确了解到顾客的喜好之前，不要急于推荐，应在掌握顾客的喜好之后再“对症下药”。

3. “我看您的皮肤只补水不行，最好是结合美白和祛斑产品一块儿使用。”

高手指点 说话太过于直白会严重打击顾客的自信，顾客会觉得很难堪，从而愤怒地离开店铺。

WHY 一 深度情景解析

对于此类顾客来说，她们有非常明确的购买需求，要么对品牌、价格、效果等要素有明确要求，要么只是感觉有需要，对具体的产品、价格、品牌还没有确切的想法，需要导购提供专业的建议和帮助。无论顾客是哪一种情况，她们都希望导购能够按她们所需要的来介绍和推荐产品，如果刻意忽略她们的购买意愿就会让顾客产生不满。

对于已经有明确需求的顾客，导购首先要做的就是尽快满足其需求。在取件、开单、收款、包装等各个环节一定要快速、高效，不要向顾客推销其意愿之外的产品。如果想要给顾客提供建议，也要在交流融洽之后寻求合适的机会，结合顾客的情况自然提出，不要让顾客认为我们是在硬性推销产品，引起顾客反感。

巧妙、主动地提供服务，可以参照以下说话技巧。

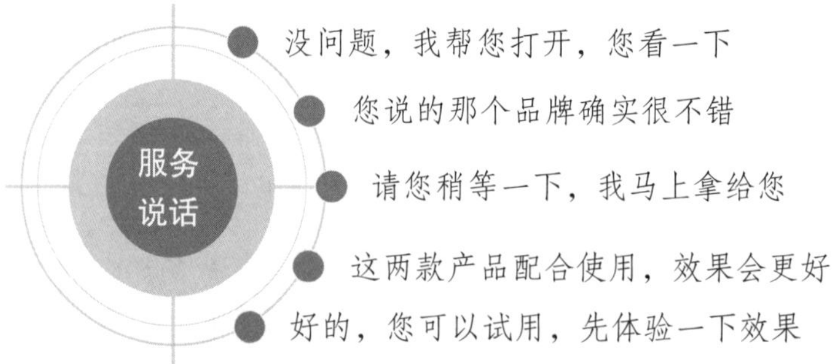

YES ✓ 实战强化训练 1

导购：“冬天的气候干燥，皮肤经常会感觉很干，有时还会轻微起皮，确实需要好好补水，您想选什么品牌呢？”

顾客：“我的朋友推荐我用××的补水精华。”

导购：“××的补水精华确实不错，是韩国的品牌，适合东方人的皮肤，很多人都在用，反馈效果不错。补水效果特别好，而且又是朋友推荐的，完全可以放心，那给您来一盒？”

顾客：“好的。”

导购：“请稍等，马上给您开单！对了，美女，××的补水效果很不错，但现在天气非常干燥，如果再配上其他的补水产品，效果会更好。您可以搭配××的补水面膜，每天晚上睡觉前使用，相信不出一周，您的皮肤就能重新变得光滑水润，您觉得如何呢？”

金牌技巧点拨

导购首先肯定并赞扬了顾客的选择，并适时完成成交。在成交之后，并没有直接让客户离开，而是抓住机会，进行关联销售。

YES ✓ 实战强化训练 2

导购：“好的，没问题！不过补水类的产品有很多，从洁面乳、精华、爽肤水、保湿乳、日晚霜、面膜到保湿霜，都有保湿的成分和效果。您在选择上有什么特别要求吗？”

金牌技巧点拨

导购并没有向顾客推荐某一特定的产品，而是先直接明了地询问顾客，在了解了顾客的具体需求后再进行有针对性的推荐。

21 情景演练 顾客说：“我一直使用同一种乳液”

NO ✕ 错误应对示例

1. “那可不行，乳液可不能总使用同一种。”

高手指点 太过直接地否定了顾客，又没有告诉顾客不能使用同一种乳液的原因，容易引起顾客不满。

2. “那建议您换一下，我给您推荐几款吧!”

高手指点 我们还没有了解顾客之前用的是哪个品牌，功效是怎样的，就直接向顾客推荐，推销目的太强烈了。

3. “您用的效果不是很明显，可能就是使用同一种的原因。”

高手指点 即使是事实，也不能直接告诉顾客，应有理有据地向顾客表明原因并推荐合适的产品。

WHY 深度情景解析

据调查，长期使用一个牌子的护肤品效果并不是很理想。由于每个人的肤质都不同，所以遇到的肌肤问题也不尽相同，就算是肌肤问题相对较少的年轻人，其问题往往也并不是单一的。所以在护肤时，可能不止需要美白，还需要保湿、去油、淡斑等功效，如果经常使用同一款产品，效果并不会很突出。

因此，当顾客说她一直使用的都是同一款乳液时，要向顾客说明，一直使用同一款乳液解决的问题是单一的，比如美白、抗皱、保湿等，它们可以解决一个问题，却无法改善其他的肌肤问题，所以经常使用同一款产品，并不是值得推荐的护肤方法；而且随着年龄增长，以及在不同的地域、不同的季节，只用同一款产品不太可能达到顾客想要的效果，应该根据自己的实际情况，选择最合适的产品。

在对待此类顾客时，导购要先通过问询分析与判断，了解顾客皮肤的实际情况，为顾客提供合理的护肤建议，并推荐合适的产品。

YES 实战强化训练 1

导购：“您经常使用同一款乳液，看来您对这个品牌的信任度还是挺高的啊！您能告诉我您觉得您使用的那款乳液好在哪里吗？”

顾客：“就觉得它的美白功效不错，所以一直也没换过。”

导购：“非常理解您的想法，但您也知道，护肤品其实和药品一样，如果长时间使用难免产生耐用性，而且根据季节的变化，护肤品也应该根据季节进行更换，同时要有不同的护肤配方，这样效果才能达到最好。我看您现在的皮肤已经非常白皙了，已经可以考虑其他功效的产品了，这样对皮肤也更好。”

金牌技巧点拨

导购没有直接否定顾客，而是肯定了顾客的品牌忠诚度，之后也没有直接讲明长时间使用一种产品有什么坏处，而是先称赞了顾客的皮肤白皙，也从侧面对顾客所用产品功效表示肯定，最后再进行产品推荐，顾客更容易接受。

YES √ 实战强化训练 2

导购：“那您感觉效果怎么样？”

顾客：“我属于干性皮肤，觉得它的保湿效果很不错，没有找到其他替代的，所以就一直用这个。”

导购：“其实很多人都觉得长时间使用一种护肤品对皮肤更好，但事实不是这样的。如果您感觉产品已经用了很长一段时间了，皮肤也有了明显的好转，不妨换换其他功效的护肤品使用，这样也可以改善皮肤的其他问题。我们目前专门针对干性皮肤人群新推出了一款乳液，效果非常好，我把试用装拿来给您试一下吧。”

金牌技巧点拨

导购先对大多数人对皮肤护理的错误认知做出解释，让顾客心里先有些概念，然后针对顾客的皮肤特质做出针对性的推荐，并快速导入产品试用阶段。

22 情景演练 顾客经常熬夜，想买眼霜

NO × 错误应对示例

1. “好的，那您跟我来，眼霜都在这边，您挑挑吧！”

高手指点 不能把顾客扔在这里，让顾客随便挑选，这会让顾客觉得我们并不重视她，要根据情况向顾客进行专业推荐。

2. “那您用眼贴会更好！”

高手指点 眼霜和眼贴是两种不同的产品，既然我们认为眼贴的效果更好，那就需要向顾客详细说明理由。

3. “是啊，看起来都有点儿像大熊猫了。”

高手指点 虽然我们可能是为了活跃气氛，在跟顾客开玩笑，但这样的玩笑顾客不仅不会觉得好笑，还会认为你是在嘲笑她。

WHY 一 深度情景解析

现代职业人士经常面临加班，熬夜不可避免，而熬夜直接导致的结果就是黑眼圈、眼袋和眼角皱纹越来越严重。爱美是女人的天性，没有哪个女性愿意出门的时候脸上还带着黑眼圈。俗话说，“女人是从眼睛开始变老的”，即使没有黑眼圈，只要眼角有一点儿轻微细纹，女性也会急于购买眼部保养品来改变这一状态。无论什么时候，女人都是需要眼部护理的。

很多眼霜都会把功能描述得很全面，如消除黑眼圈、眼袋、抗氧化、保湿修复等，但眼霜是一款针对性较强的护肤产品，事实上很难做到功能全面，导购还是要根据顾客眼部状况做出有针对性的推荐。想买眼霜的顾客希望能尽快解决问题，因此要求产品效果又快又好，如果导购的介绍很专业，并能承诺使用后的效果，她们就会很快接受导购的推荐。

在跟顾客介绍完眼霜的功效之后，可以告知顾客正确的眼霜使用方法。

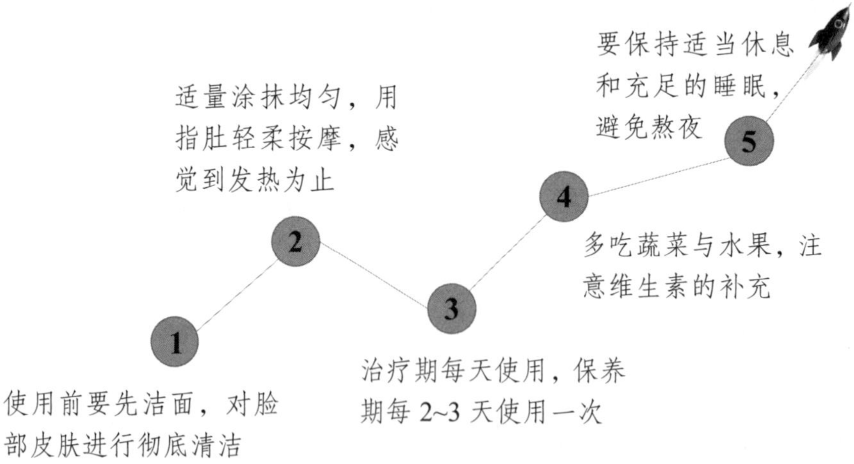

1. 使用前要先洁面，对脸部皮肤进行彻底清洁
2. 适量涂抹均匀，用指肚轻柔按摩，感觉到发热为止
3. 治疗期每天使用，保养期每 2~3 天使用一次
4. 多吃蔬菜与水果，注意维生素的补充
5. 要保持适当休息和充足的睡眠，避免熬夜

YES √ 实战强化训练 1

导购：“您是想改善您的黑眼圈和眼袋问题吧？我给您推荐几个有明显效果的品牌吧！”

金牌技巧点拨

导购首先确认了顾客的需求，并迅速对顾客的需求做出回应，让顾客对导购的专业性产生信任，为成交埋下伏笔。

YES √ 实战强化训练 2

导购：“这款保湿修护眼霜很适合您，是国际知名品牌，产品品质可以保证，在消除黑眼圈方面有非常明显的效果，长期使用还能淡化暗斑，改善干燥细纹。这款产品的市场口碑非常好，忠实顾客很多。像您这种情况，使用一个星期就会有明显效果，我帮您拿一盒吧？”

顾客：“好，那就拿你推荐的这种吧！”

导购：“好的，您先看一下产品，我马上给您开单。还要提醒您一下，尽量不要长期熬夜，保证足够的休息，只有身体健康了，才能变得更美丽啊！”

顾客：“我也明白，但我们的工作就是会经常熬夜的。”

导购：“如果熬夜无法避免，那您只用眼霜恐怕不行。您的眼睛有血丝，干涩，皮肤还有褐斑沉着，这都是因为长期熬夜和疲劳引起的维生素不足的表现。建议您×××天然维生素E胶囊与眼霜配合使用，充分补充维生素，抵抗疲劳。这样能帮您内养外调，提高身体免疫力。”

金牌技巧点拨

导购向顾客推荐了合适的产品并快速促成交易，并善意提醒顾客注意休息，拉近了与顾客的距离，最后出色发挥了顾问角色的作用，并适当地进行关联销售。

23 情景演练 顾客属于油性皮肤，哪种面膜好

NO × 错误应对示例

1. “您看起来不像是油性皮肤，更像是混合型的。”

高手指点 会让顾客有一种被否定的感觉，销售一开始就处在不融洽的氛围中，最终的结果可想而知。

2. “您是想达到一种什么样的效果呢？”

高手指点 顾客想听我们的意见，而我们却反问顾客，顾客心里会对我们的专业持怀疑态度，并开始抵触与我们交谈。

3. “根据您的皮肤情况，应该先控油，再补水，最后美白祛斑。”

高手指点 顾客问的是用什么面膜好，而不是了解护理程序，这样回答有种答非所问的意思。

WHY 深度情景解析

油性皮肤皮脂分泌旺盛，整个脸部显得油腻光亮，特别是在T型区的额头、鼻子和下巴，油脂分泌更多，皮肤粗糙而不易起皱，容易吸附灰尘，堵塞毛孔，形成痤疮。对于油性皮肤的顾客来说，一脸的油脂是最让她们感到烦恼的，好像怎么都洗不干净。她们喜欢清洁力超强的洗面和补水产品，很容易接受美白和祛痘的产品。

由于面膜的功能性和针对性都比较强，因此导购在推荐产品前要对顾客的肤质做出专业判断，然后通过提问一步步确定顾客的具体需求。提问包括三方面的内容，一是功能：清洁、美白、保湿、补水、去角质；二是成分：植物、矿物；三是使用方式：水洗、免洗、冷敷、热敷等。当然，顾客对品牌的偏好和价格的承受度等也要有基本的判断。

在接待油性皮肤顾客时，可以向顾客介绍一些油性皮肤的保养方法，让顾客感受到我们的亲切和专业。

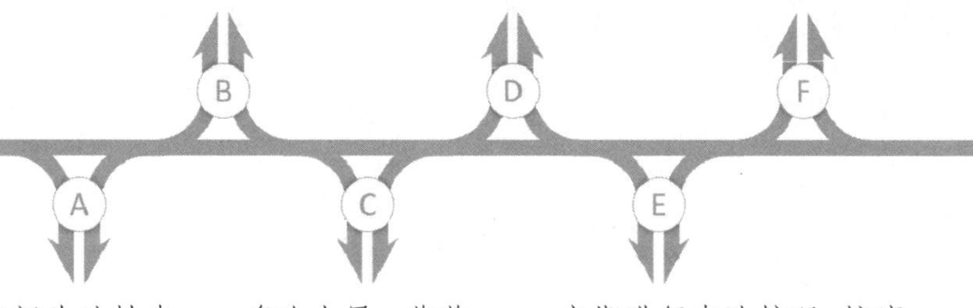

实战强化训练 1

导购：“美女，您是非常明显的油性皮肤，毛孔看起来也比较粗，而且有黑头。您要想彻底解决皮肤问题，只靠面膜可能达不到您期望的效果。”

顾客：“敷面膜还不行啊，那怎么办？”

导购：“要想彻底解决问题，就要先从控油和清洁皮肤做起。您应该先用清洁力强的洁面乳和针对油性皮肤的收缩水收缩毛孔，然后配合美白补水面膜来补充水分，消除皮肤暗沉，这样才能有满意的效果。我建议您选一个套盒，除了上边说的三款产品外，还有一瓶美白霜，能有效抑制黑色素形成，持续保护您的皮肤。配套使用效果更好，能在短时间内改善您的皮肤状况，让您获得洁净、细腻和白皙的肌肤。”

金牌技巧点拨

导购根据顾客的皮肤状况，推荐顾客选择套装产品，并解释了选择套装的原因以及使用套装能给顾客带来的好处，坚定顾客购买套装的信心。

实战强化训练 2

导购：“油性皮肤非常容易出油，堵塞毛孔，形成痤疮。因此，油性皮肤的保养步骤应该是先清洁，再补水，在达到油水平衡后，使用祛痘美白产品，这样效果才会好。您现在的皮肤状况应该先补水，达到油水平衡。我先为您推荐几款超值的补水面膜。”

金牌技巧点拨

导购首先跟顾客介绍了油性皮肤的特性，并告诉顾客油性皮肤的保养重点，然后根据顾客的肤质情况确定面膜的选择范围，提出的建议有理有据，很容易让顾客信服。

24 情景演练 顾客要去旅游，想购买防晒产品

NO ✗ 错误应对示例

1. “旅游啊，那这款 SPF47、PA3+就很不错，适合旅游用。”

高手指点 回答太过于专业了，顾客可能听不懂这些字母和数字都代表什么意思。

2. “要说防晒效果最好的，那肯定要选我们××的产品了。”

高手指点 顾客未必会相信我们的推荐，没准儿还会认为我们是在“王婆卖瓜，自卖自夸”，对我们产品的效果持怀疑态度。

3. “防晒霜的话，这款××或者××还有这款××都很不错。”

高手指点 不要盲目地跟顾客推荐，这样顾客根本无从判断好坏，要根据顾客的需要给出专业的建议。

WHY 深度情景解析

顾客既然是因为要旅游才来购买防晒霜的，说明购买意向非常强烈，是一种迫切的需求。虽然顾客肯定会买，但也需要导购进行专业的推荐，向其全面介绍防晒知识及产品使用方法。他们更喜欢专业性强、亲和力强的导购。

要想帮助顾客选到合适的防晒霜，导购就要详细了解顾客的旅游目的地、户外活动时间长度，然后根据季节、阳光强度及顾客肤质情况选择合适的防晒产品。在选定产品后，导购要向顾客详细说明防晒产品的使用方法及注意事项，保证顾客在旅游时能获得最好的防晒效果。如果导购推荐的防晒霜效果非常不错，顾客可能会在旅游回来后继续在店铺选购其他产品，并将这款防晒霜推荐给自己身边的人。

防晒霜有一些使用技巧，在介绍时可向顾客做以下说明。

（1）在使用前要彻底清洁皮肤，并使用爽肤水润肤。

（2）一定要涂抹均匀，裸露在外的皮肤都要涂抹到。

（3）在出门前15~30分钟使用，等到防晒霜起效后再出门。

（4）沾水或游泳前可适当进行补充。

（5）如果长时间待在户外，要根据防晒系数及时补涂。

YES √ 实战强化训练 1

导购：“哇，真羡慕您啊！您能到海南度假放飞心情。夏天的紫外线非常强，而您又要长时间待在户外，建议选择进口品牌，口碑、品质都有保证，防晒系数不低于40，这样才能玩得放心。另外，要去海边游泳，产品的抗汗、防水性也要考虑。所以，这款××防晒乳和这款××防晒霜都非常不错，防晒系数都是50，特别适合夏天去海边游泳使用，价格也合适。”

顾客：“那这两种哪种更好呢？我的皮肤比较敏感。”

导购：“那就××防晒乳吧！纯植物成分，温和、低刺激、不易过敏。我再给您详细介绍一下这款防晒乳的使用方法和注意事项……”

金牌技巧点拨

导购在了解到顾客的旅游目的地之后，进行了有针对性的产品推荐，并在顾客提出问题时，利用自己的专业帮助顾客最终确定了产品，最后还介绍了使用方法和注意事项，让顾客感受到导购完善的服务。

YES √ 实战强化训练 2

导购：“美女，您的护肤观念非常正确！虽然现在正值冬季，阳光不是很强烈，但旅游时在户外时间长，也要适当做防晒，避免紫外线长时间照射，选择防晒系数在15~20的防晒产品就可以了。另外，您是干性皮肤，因此更适合使用质地滋润、保湿效果好的防晒产品。这样，我拿几款产品给您比较一下吧！”

金牌技巧点拨

导购首先对顾客的防晒理念表示赞同，并根据季节和顾客的皮肤状况推荐了几款合适的产品，并让顾客进行比较，其中要注意推荐的产品不要超过三种，最好按价格分为高、中、低三个档次。

25 情景演练 顾客说："我想给老婆买套化妆品做生日礼物"

NO ✕ 错误应对示例

1. "您是想选什么价位的？贵一点儿还是便宜点儿的？"

高手指点 男性顾客对化妆品了解得可能并不多，这么问顾客，顾客通常会不知道怎么回答。

2. "您需要我帮您选吗？"

高手指点 女性顾客有时候都要导购推荐，更别说是男性顾客了，不用问都知道肯定是需要导购的帮助。

3. "请问您太太的皮肤状况怎么样，平时用的都是什么护肤品，是什么品牌的？"

高手指点 问题太多了，听起来像是在审问顾客，而且男性顾客也无法完全回答上来。

WHY 一 深度情景解析

在各种节日会给太太买礼物的男性顾客无疑是体贴太太的好男人，他们在心理上也有着男性的骄傲和虚荣。当他们处在一个充满了女性氛围的环境中，通常会有紧张和不适感，需要通过导购适当的引导来消除这种感觉。

这类男性顾客是一个潜在消费群体。由于他们对化妆品并没有什么了解，因此需要导购为他们提供专业的建议和热情的服务。如果导购能适当地赞美他们，他们通常会感到很得意。只要导购能赢得他们的信任，他们会直接把决定权交给导购。

男性顾客大多比较大方、爱面子，利用这些特征，以及给太太买生日礼物的特殊需求，导购很容易把最好也最有价值的产品推荐给他们，通过自己的专业知识，促进成交。

对待这类顾客，可以通过以下话语进行

巧妙的赞美。

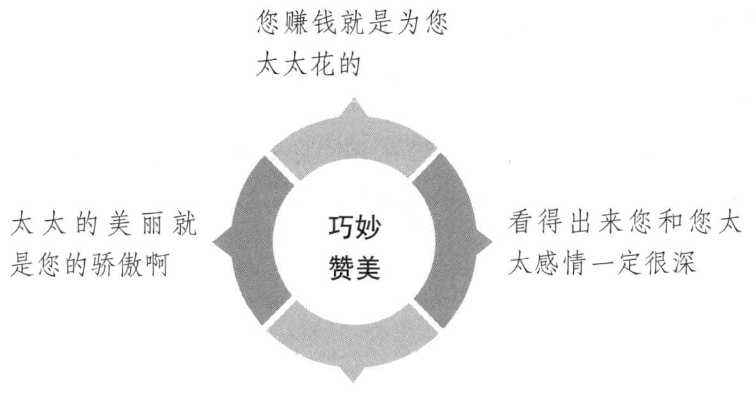

实战强化训练 1

导购：“好的，我一定用心为您挑选。能大概介绍一下您太太的情况吗？年龄、平时的护肤习惯、常用的品牌……没关系，您知道多少就说多少。”

顾客：“好的，我太太现在 30 多岁，平时一般使用洁面乳，别的一般不用，而且用的是国际知名品牌×××。”

导购：“那我知道了，根据您说的情况，我建议您选择××套盒。这也是国际知名品牌，套盒里边包含了 8 款产品，能满足您太太日常使用的需要，您觉得呢？”

顾客：“我太太好像平时用的是×××，她会不会不喜欢这个牌子？”

导购：“不会的，先生。您想想，买化妆品当生日礼物，自然要选择最好的品牌。您太太平时用×××，您现在还送×××，那跟自己买还有什么区别，也就体现不出您的心意了。最好的品牌才能体现出您对她特别的心意，您太太收到以后一定会非常开心。”

金牌技巧点拨

导购在没有给顾客太大压力的前提下，详细了解到顾客太太的情况，并给予顾客选购产品的建议，当顾客提出异议时，从感性的角度出发消除了顾客的异议，使交易能顺利进行。

YES √ 实战强化训练 2

导购：“真羡慕您太太，有您这样一个帅气又体贴的先生！你们一定很恩爱！给您太太的生日礼物，一定要选一套特别的产品来体现您的心意。”

顾客：“对。”

导购：“那您看这套××品牌的套盒就很合适。这是节日限量版的，包装也非常豪华精美，而且适合各种肤质使用，能有效修复各类皮肤瑕疵、暗沉等问题，给太太当生日礼物再好不过了。如果您希望将生日礼物送给她以后，能让您太太变得更漂亮，那它绝对最合适了。”

金牌技巧点拨

导购在跟顾客适当寒暄之后，开始进行产品推荐，并充分说明了购买该产品能给顾客带来的好处，激发顾客的购买欲望。

26 情景演练 顾客说：“我想给妈妈买染发剂”

NO × 错误应对示例

1. “好的，那您选××品牌，这是最好的！”

高手指点 顾客接受一件产品是需要一个过程的，我们没有经过前期的铺垫就直接向顾客推荐，顾客可能不会相信我们的话。

2. “既然是送给妈妈的，那一定要选最贵的。”

高手指点 最贵的不一定就是最好的，既然是送给妈妈的，关注效果的可能性更大，如果改成“最好”，顾客就更容易接受了。

3. “染发剂××元一支，您要几支呢？”

高手指点 应对方式太过于冷漠了，没有正视顾客的情感诉求，容易引起顾客反感，从而放弃购买我们的产品。

WHY一 深度情景解析

顾客进入化妆品店不一定是为自己买化妆品，有时也会替家人或亲朋好友选购化妆品。如果看到顾客购买的化妆品不太适合顾客本人使用，一定要主动上前询问，确认顾客的购买目的，避免发生误会。对于顾客说想给妈妈买染发剂这件事，导购要给予充分的肯定，因为这是孝心的一种表现。

由于顾客不是给自己买的，因此在选择上会更加谨慎，会全面考虑产品的功效、品牌、口碑、价格等因素，尤其对质量和安全性极为关注。因此，导购一定要详细了解代买或送礼对象的情况，替顾客考虑周全，帮顾客做出最合适的选择。

导购对待给长辈购买产品的顾客可参照以下应对技巧。

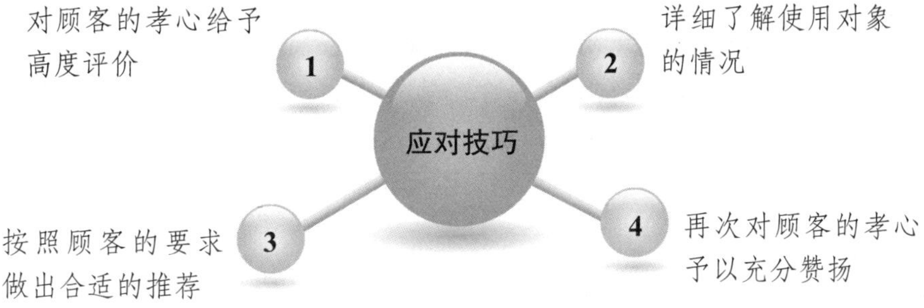

应对技巧

1 对顾客的孝心给予高度评价

2 详细了解使用对象的情况

3 按照顾客的要求做出合适的推荐

4 再次对顾客的孝心予以充分赞扬

YES√ 实战强化训练 1

导购：“冲着您这么有孝心，我也得帮您选出最合适的产品。请问您妈妈年龄多大了？有多少白头发？”

顾客：“我妈现在将近 50 岁，所以白头发还不是很多，也就最近一段时间才发现头发白了的，稍微有点儿花白……”

导购：“那我知道了！像您妈妈这种情况，可以选择我们店的这两个品牌，都是进口的，虽然价格高一些，但品质和安全性绝对有保障。”

顾客：“哦，这两种啊，但我听别人说有一款‘一洗黑’类的产品挺不错的。”

导购：“您可能对这类产品了解不多，前段时间电视台就曝光了这类产品的假冒伪劣问题，有的产品掺了有毒的化学成分，容易致癌，所以现在市场上很少见到了。这里有新闻资料报道，您可以看一下。我给您推荐的这两个品牌，都是国家公布的合格染发剂品牌，口碑是非常好的，您可以放心购买。既然是给妈妈买的，要有可靠的品质和安全性才能放心。宁愿贵一点儿，也不能买质量差的，您说是吗？”

金牌技巧点拨

导购首先询问了使用对象的情况，并根据顾客的需求，直接做出产品推荐。在顾客提出异议时，用权威报道向顾客做出解释，并再次介绍了所推荐产品的特点及优势，保证产品的品质和效果，坚定顾客对导购所推荐产品的信心。

YES √ 实战强化训练 2

导购：“哇，您真是太有孝心了！既然是给妈妈用，一定要选择最好的产品。我建议您选择国际品牌，产品安全、质量有保证，而且染色效果好，不易褪色。送出去您也放心，您妈妈也能用得开心。”

金牌技巧点拨

对于比较容易沟通的顾客，先要将顾客的核心需求锁定，然后根据顾客的核心需求推荐产品，主要从品质和安全性方面进行突破。

27 情景演练 顾客只是看看，想等发了工资再买

NO × 错误应对示例

1. “那请问您什么时候发工资呢？”

高手指点 这属于顾客的隐私问题，顾客非但不会告诉我们，还会认为我们很没有礼貌，对我们产生反感。

2. “这产品这么适合您，您还需要等到发工资吗？”

高手指点 这种应对方式并不会让顾客产生立马购买的欲望，因为并没有制造出真正的迫切性，太过于空洞、无力了。

3. “来都来了，您再看看吧，什么时候买无所谓。”

高手指点 只要顾客还没有购买，那就仍然存在很多不确定因素，因此在了解需求阶段一定要跟顾客确定购买时间。

WHY 一 深度情景解析

探寻顾客的购买时间无疑是非常重要的，但探寻时机一定要选好，如果顾客刚进入店铺就遭到导购“您今天买不买”的询问，恐怕没有哪一个顾客会喜欢这种具有强烈目的性和审问意味的接待方式。顾客说出这类的话不一定是真的要发了工资再买，只是不想导购过于热情，或者是为了回应导购热情的态度，不至于使对方尴尬，或者是出于对自我的保护，不想导购对自己过度推销。

像化妆品这类产品，很少有女性在看到喜欢的产品时会不买，她们往往会立马下单，真的等到发工资再来买的顾客少之又少。导购要想让这类顾客下定决心购买，除了推荐的产品要符合顾客的喜好外，还要利用集点、折扣、赠品、优惠券等方式增加产品附加价值，并运用最后机会法、危机制造法加强顾客购买的紧迫感，促使顾客立即下单购买。

要想说服顾客马上购买产品，可采用以下说服技巧。

YES ✓ 实战强化训练 1

导购：“美女，我可以等您发了工资再回来，但是产品不一定能等到您了。这款产品是限量版，数量有限，而且非常热销，我们也只有几套了，很快就会卖完。既然您对这款产品很满意，不如今天就买了吧，否则等您发了工资再买，估计就买不到了，还是给自己一个美丽的机会吧！”

金牌技巧点拨

导购使用危机制造法增加顾客的紧迫感，用畅销、容易卖断货的理由促使顾客立即下单购买。

YES √ 实战强化训练 2

导购：“没关系，我可以先帮您把单子开好，把您需要的产品、数量和价格都填好，然后安排店铺先帮您留货。这款产品买的人很多，如果不预留，不能保证您下次来还能买到。等您发了工资再来的时候记得把单子带上，保证您一定能得到这款物超所值的保湿套装。”

金牌技巧点拨

导购先用开单、预留产品的方式锁定顾客的成交意向，大大增加了顾客购买的概率。

28 情景演练 顾客说：“合适的话，现在就买”

NO × 错误应对示例

1. “那您主要是想挑什么样的产品呢？”

高手指点 顾客既然说了合适就会买，我们完全可以果断地给顾客推荐产品，刺激顾客尽快购买。

2. “那真是太好了，先谢谢您了！”

高手指点 只有热情和兴奋是无法成交的，这时应迅速了解顾客的关键需求，向顾客推荐合适的产品。

3. “行，那您这边来，我先给您做个皮肤测试。”

高手指点 直接跟顾客这么说显得太突兀了，没有任何铺垫，顾客肯定不清楚为什么要先做皮肤测试。

WHY 一 深度情景解析

顾客如果表示“合适的话，现在就买”，说明顾客的成交意向非常强烈，对于这样的顾客，一定不要白白错失机会。她们的需求点在于有没有合适的，导购如果能够快速找到顾客的需求点，她们不仅会马上购买，还可能会购买一定量的产品。顾客这时候的心情处在完全放松的状态下，直接把决定的权利交给了导购，让导购来推荐。

对于这类顾客，导购要先控制住兴奋和销售进程。要先与顾客交流使用经验，对顾客的皮肤类型进行专业测试，然后进一步了解顾客的核心需求。在确定产品之后，要尽快引导顾客进行产品体验，让顾客感受到产品带来的利益和价值，觉得产品值得购买，这要比导购单一的推荐介绍更有效。

对待“合适的话，现在就买”的顾客的处理技巧如下。

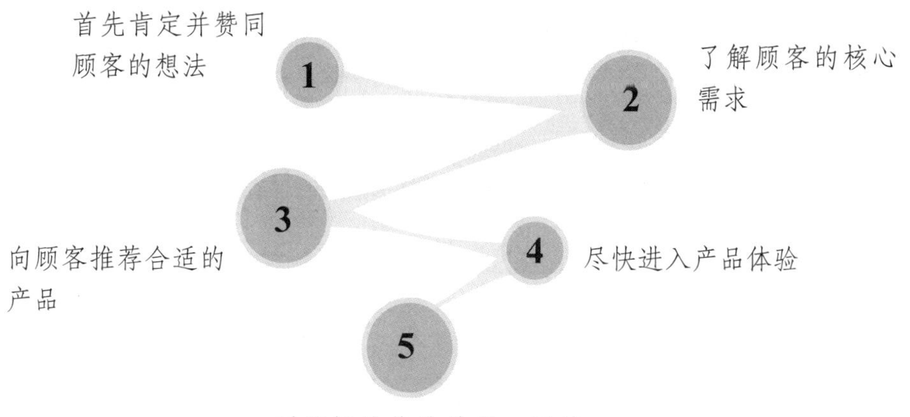

实战强化训练 1

导购：“是这样，没错。购买化妆品不是买房子和炒股，需要深思熟虑。只要产品合适，能让自己变得更美、更有魅力，那就可以决定买还是不买。您主要想解决什么样的皮肤问题呢？是想让自己的皮肤更健康、有光泽，还是希望更白皙细腻呢？”

金牌技巧点拨

导购主要从顾客需要解决皮肤的重点问题上出发，帮助顾客选择合适的产品，针对性强，更容易成交。

实战强化训练 2

导购：“我非常赞同您的说法。自己的脸一定要自己负责，选到合适的产品要马上行动。如果考虑再三，一定会错失良机的。女人一生最宝贵的时间就是现在的青春岁月，皮肤更应该好好保养。那接下来我先给您做个专业的皮肤测试，全面了解一下您的肤质状况，这样，在推荐产品时就更有针对性和专业性了，您就不会盲目购买产品了。您先请坐，我拿仪器过来，只要 1 分钟就能得到答案了。”

金牌技巧点拨

导购一开始就肯定了顾客的选择，然后利用皮肤测试留住顾客，并展开沟通，进一步了解顾客的需求和使用习惯。

29 情景演练 如何引导顾客购买套装产品

错误应对示例

1. “请问您是要买单件还是套装呢？”

高手指点 没有提到关键的产品信息，顾客往往难以做出合适的决定。导购应该在分析顾客情况后再合理推荐。

2. “您买一套吧，产品齐全，效果更好。”

高手指点 如果顾客就只想要某件产品，其他的还不需要买，导购这么推荐肯定是不合适的。

3. “您先买一瓶试试效果，如果觉得效果好再购买全套吧！”

高手指点 有的化妆品需要成套使用或者长时间使用才能看出效果，这话虽然是在替顾客考虑，但产品使用效果可能会失去充分保障，同时也会让顾客误认为产品不好。

WHY 一 深度情景解析

在选择化妆品时，可以选择单件也可以选择整套。如果顾客对这方面不是很专业，往往会不知道该怎么去选择，大部分的顾客都会把这个问题交给导购来处理。可以说，顾客购买多少取决于导购的专业知识、产品效果、产品之间的配套性以及顾客皮肤的需要，而不是顾客的购买力或是试试看的心理。

顾客说只想购买单件，效果好的话再购买整套，这实质上是对产品的不信任。因此，如果导购能表现出对产品的熟悉，体现自己的专业素养，能够让顾客信服，就会让顾客产生购买整套的欲望。所以，导购还是要在套装产品可以给顾客创造的价值上着手，增强顾客对产品的信心。一定要记住，没有任何一个女性能抗拒美丽的诱惑。

如果顾客所用的化妆品是不同品牌的，要提醒顾客关于化妆品的一些搭配使用技巧。

搭配技巧

- 尽量不要选择不同的化妆品品牌混合使用
- 更换品牌时，不能一步到位，要让皮肤逐步适应新品牌
- 敏感性皮肤在使用新产品时要先测试，再使用
- 如果搭配使用，要先阅读说明书，确定成分没有冲突再使用

YES √ 实战强化训练 1

顾客：“你无非就想让我整套购买。”

导购：“美女，您的情况确实需要整套购买！像您这样要求比较高的顾客，购买套装是最好的选择。这套保湿补水焕白礼盒包括了您日常清洁、保湿、补水、美白、营养等需求的全部精华产品，配套使用，效果会更好！节省了您挑选产品的时间，更省心！避免多种品牌产品混用带来的冲突和过敏风险，更安全！整套价格比单买更合适，更实惠！您眼光又准又高，面对这样精致的套装，一定会做出正确的选择。怎么样，我帮您包起来吧？”

金牌技巧点拨

导购从三个方面帮助顾客分析购买套装的好处，让顾客对购买套装产生信心，然后适当地赞美顾客，并快速把顾客引入成交阶段。

YES √ 实战强化训练 2

顾客：“套装里有几款产品，我家里已经有××品牌的相同产品了，我想单件购买。”

导购：“我理解您的想法。虽然我能单件卖给您，但由于化妆品的品牌和配方不同，混合使用容易导致过敏，不安全，而且单件的产品效果可能不明显，让您觉得我们的产品有问题。而同品牌的产品，有一样的研发思路，每款产品的配方和功效能相互补充，全套使用才能达到最好的使用效果。您单件购买，再配合其他品牌使用，即使不过敏，也很难达到预期效果，女人的脸都很宝贵，不同品牌的化妆品绝对不能随便混用，我建议您整套购买，确保使用效果。”

金牌技巧点拨

导购向顾客讲明了化妆品混用可能带来的危害，让顾客在心理上对购买单品产生顾虑，并趁机说明购买套装的好处，引导顾客购买套装。

30 情景演练 如何询问顾客需要的价位

NO × 错误应对示例

1.“您直接说吧，您打算买什么价位的化妆品呢？”

高手指点 问话太过于直接了，显得很没礼貌，在向顾客询问价格时，一定要注意用词。

2. “您觉得什么价位的化妆品比较适合您呢？”

高手指点 问题问得太宽泛了，并没有给顾客一个大概的选择范围，顾客也不好回答。

3. “这款爽肤水不过 20 多元，已经非常便宜了。”

高手指点 顾客会觉得我们看不起她，有一种被轻视的感觉，从而对我们产生反感，影响接下来的销售。

WHY 一 深度情景解析

导购在进行销售时，往往都需要了解顾客购买的价格承受力。因为导购如果不能准确掌握顾客的购买力，经常容易在推荐时走向极端，使得推荐的产品不是太贵就是太便宜。准确掌握顾客的经济承受力，不仅能有效地提高成交的概率，还能加快成交的速度。

但由于各种原因，顾客未必会告诉导购其真实的购买力。比如，对于爱面子的顾客来说，她们往往会报高自己的购买力，而对于谨慎的顾客来说，她们往往会报低自己的购买力。如果导购无法通过询问了解到顾客的真实购买力，此时就可以通过细致的观察，判断顾客的价格承受力，如顾客携带的包、顾客的着装以及手机、饰物的品牌与档次都是判断的依据。如果仍然没有把握，就提升产品的价值感，让顾客感到买了这个产品是物超所值的。

想要准确把握顾客的价格承受力，可综合运用以下技巧。

探寻技巧

- 询问顾客对质量和功效的要求
- 询问顾客对成分和使用方式的要求
- 询问顾客对品牌的要求
- 询问顾客对使用场合的要求
- 推荐高、中、低三个价位的产品供顾客选择

YES √ 实战强化训练 1

导购：“眼霜的品牌很多，价格也有高有低，您觉得什么价位比较合适呢？”

顾客：“价格一般就行，一二百元的就差不多了。”

导购：“好的！一二百元已经完全可以挑到品质可靠的品牌产品了。看您有轻微的黑眼圈，这几款眼霜去除黑眼圈的效果都非常好，而且是纯天然植物配方，温和无刺激，非常适合您。这款是韩国品牌，价格是 128 元；这款是美国品牌，价格是 188 元；这款是国产品牌，价格是 118 元。我详细给您介绍和对比一下吧！”

金牌技巧点拨

导购通过适当的询问了解到顾客的价格承受范围，并向顾客推荐了 3 个不同品牌和价位的产品，都在顾客的价格承受范围之内，突出介绍产品的特点，让顾客做出选择，顾客基本就会购买其中一款。

YES √ 实战强化训练 2

导购：“我们有很多种彩妆套盒，您主要考虑什么价位之间的品牌呢？”

顾客：“价格倒无所谓，关键是品牌要可靠，质量和使用效果要好一点儿。”

导购：“像您这样的高级白领，工作和社交肯定要随时修饰自己的妆容，品牌要上档次，这样在跟客户进行商务谈判和交际时才能表现得更自信。同时，产品的品质也要好，定妆时间要长，最好不需要经常补妆。另外，职业妆容的颜色不宜太过妖艳，要淡雅一些。所以，可以选择价格在六七百到一千元的日韩品牌，您觉得可以接受吗？”

金牌技巧点拨

根据顾客的回答，以及通过观察顾客的穿着、气质可以基本判断出顾客的身份，然后导购根据这些信息准确描述出顾客需要的产品，并把最终的决策权交给顾客。

第三章

Chapter 03

产品推介情景
口才训练与实战技巧

销售口才

有位销售大师说："发生在金牌导购身上的奇迹，有80%是由口才创造的。"导购要做的就是使产品利益和顾客需求相吻合。如果导购能利用一些口才技巧，用三寸之舌打动顾客的方寸之心，又何愁顾客不能一掷千金呢？

31 情景演练 如何为顾客介绍防晒产品

NO ✕ 错误应对示例

1. “这款防晒霜 SPF50，PA+++，非常适合您。”

> **高手指点** 顾客应该听不懂这些专业术语，一定要转化成顾客容易理解的话。

2. “这边的防晒霜都不错，您挑一下吧！”

> **高手指点** 顾客需要的是专业的推荐，而不是把顾客带到一边让顾客自己挑选，我们对待顾客的态度很大程度上决定了销售额的多少。

3. “这款防晒霜很便宜，是我们今年的新品，很不错的。”

> **高手指点** 顾客最关注的不一定是价格，如果顾客正好是有点儿消费能力的人，这样的介绍对销售只会起反作用。

WHY 一 深度情景解析

防晒是为好皮肤打下基础的一项工作，防晒并不是以有没有太阳而做定夺的，天天防晒是出门的前提，也是减少各种皮肤问题的前提。当顾客来找我们了解防晒产品时，要详细了解顾客需求，有针对性地进行销售。首先了解顾客对防晒指数的范围要求，然后确定顾客对产品的期望值，最后确定顾客对肤感的期望值，推荐符合顾客意愿的产品。切忌顾客一进门就开始盲目推销，这样非常容易引起顾客的反感。

导购在为顾客介绍防晒产品时，可以采用以下步骤。

1. 展示：首先拿出防晒霜，展现产品的国妆特字号，突出产品的安全性和品质保证。

2. 试用： 在给顾客试用时，先在顾客手上涂点保湿乳，然后挤出防晒霜，让顾客看看防晒霜的质地和色泽等。

3. 涂抹： 边涂边跟顾客介绍，这款防晒不需要费力涂抹，只要轻轻一抹就行，突出产品容易涂抹的特性。

4. 夸奖： 涂抹好之后给顾客一面小镜子让其自我观察，使顾客感受到肤色的均匀自然，并适当夸奖顾客。

5. 建议： 如果顾客长时间待在室外，可让客户适当加强防晒，多涂或者勤涂，强调产品的细腻通透，不会有厚重感。

实战强化训练 1

顾客： “我的皮肤比较油，不喜欢用油腻的产品，你给我推荐一下吧！”

导购： “好的，您每天在室内、室外哪个时间更长呢？”

顾客： “我最近这段时间在室外的时间比较长。”

导购： “那根据您的肌肤情况，我推荐您用这款美白隔离防晒霜，防晒系数50，它是集美白、隔离、防晒三效合一的产品，能有效隔离紫外线，使用之后皮肤非常水润、清爽、透薄。另外，它还可以防水、防汗、防油、防脱妆，您可以试用一下。”

金牌技巧点拨

导购首先了解了顾客对防晒产品的具体要求，并根据顾客在室外的时间给顾客推荐了合适的产品，并趁机导入产品体验，一步步引导顾客进入成交阶段。

实战强化训练 2

顾客： “我已经在擦BB霜了，防晒产品我不知道还要不要买。”

导购： “美女，看来您很有保养意识啊，知道隔离防晒的重要性，那我再给您说个专业知识吧，就是任何产品都代替不了专业的防晒霜。防晒霜在皮肤日常保养中特别重要，能保护皮肤不受紫外线的侵害，避免造成肌肤发炎、灼伤，所以如果只使用修饰肤色的产品来代替防晒霜是不可取的。”

金牌技巧点拨

导购先赞美顾客，然后利用自己防晒方面的知识去打动顾客的心，更正顾客对防晒方面错误的认知，引导顾客进行正确防晒。不需要急于推销，在顾客赞同了导购的说法之后，销售产品就自然而然了。

32 情景演练 顾客问："这款面膜成分有哪些，有什么好处"

NO ✕ 错误应对示例

1. "主要成分是玫瑰，能使皮肤水润亮采。"

高手指点 解说太过于简单了，满足不了顾客的求知欲，顾客不会因为这一句话就选择购买。

2. "成分太多了，我也说不清楚，要不您看看说明书吧。"

高手指点 顾客就是想要了解清楚后再选择购不购买，如果导购都说不清楚有什么成分和使用的好处，顾客怎么能放心购买呢？

3. "这款面膜富含甘草提取物、马齿苋提取物、3-O-乙基抗坏血酸、光果甘草提取物、柑橘果提取物、肌氨酸、肌醇、烟酰胺、甘油等，快速补水修复，舒缓皮肤。"

高手指点 只是照本宣科地把产品的成分复述给顾客，对产品成分的效果做出具体说明，从而无法反映产品真正的价值。

WHY 一 深度情景解析

顾客在做出购买决策前往往需要掌握一些信息，而了解化妆品的主要成分就是顾客需要掌握的重要信息之一。一些有经验的顾客在购买新产品时，会特别关注产品的主要成分和作用。她们注重细节，关注产品的安全性，往往还是专家级的顾客，因此她们的需求只靠简单的产品介绍是无法满足的。

顾客在问到产品成分时，真正关心的是成分背后带给她们的利益。因此，在陈述化妆品成分时，导购需要同时将各类主要成分以及这些成分对皮肤的作用介绍清楚，让顾客明白到产品的价值。导购要告诉顾客，这款产品的什么成分对于皮肤的什么问题有改善作用。

对于化妆品主要成分的陈述，有以下技巧。

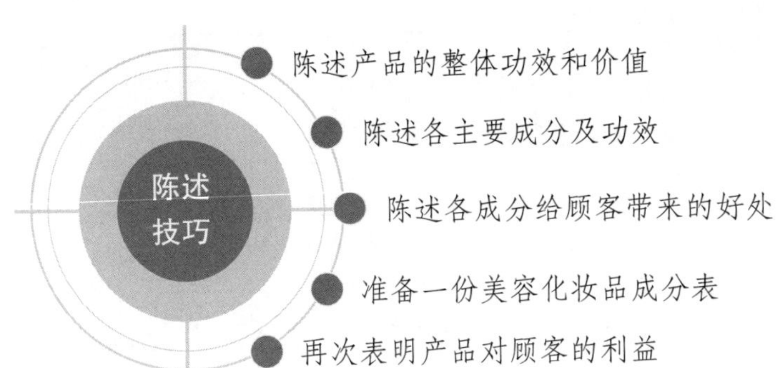

实战强化训练 1

导购：“您也是专家，我说得不好的地方还请您指正。这款面膜采用的是纯天然植物萃取配方，主要成分有玫瑰精华、甘菊精华和金盏花。玫瑰精华能加快皮肤代谢，使皮肤变得细腻、红润及水嫩。甘菊精华有镇静、舒缓的作用，对敏感肌肤有极好的治疗和脱敏效果。金盏花含磷和维生素 C，对皮肤有消炎、杀菌、收敛的效果，能减轻晒伤，促进肌肤清洁柔软。这款面膜能迅速收缩毛孔，修护并舒缓受损肌肤，增加角质层含水量，美白肤色，适用于各种肤质。使用它可以帮您在夏天加倍补水及抵抗日晒，让您的肌肤更白皙、细腻、有弹性，选它肯定没错，您觉得呢？”

金牌技巧点拨

导购首先对顾客适当恭维，然后对面膜中的几种主要成分及功效分别进行说明，让顾客能真正感受到这款面膜给皮肤带来的好处，从而更加坚定购买的决心。

实战强化训练 2

导购：“这款红酒面膜的主要成分就是红酒。这是新研发的一款面膜产品，是被美容大王、著名明星推荐过的。红酒中含有超强抗氧化成分 SOD，能全面抵御自由基对肌肤老化的伤害。其次，红酒面膜中含有的营养成分‘多酚’，抗衰老能力是维生素 E 的 50 倍、维生素 C 的 25 倍。另外，红酒面膜中还含有低浓度果酸，有抗皱、洁肤的作用。这款红酒面膜，原料采用的是纯正红酒，长期使用本面膜能促进肌肤活力，帮助肌肤恢复美白光泽。您经常熬夜，工作环境的空气也较差，这款面膜非常适合您的需求。”

金牌技巧点拨

导购首先向顾客提及知名人士的推荐来说明这款面膜值得购买；其次，详细说明了红酒中所含成分对皮肤的好处；最后，针对顾客的工作环境，有理有据地建议顾客购买。

33 情景演练 顾客问："抗皱霜需要多久才能见效"

NO ✕ 错误应对示例

1. "您看一下说明书吧，说明书上说得很清楚。"

高手指点 回答太不专业，太敷衍了，不能让顾客感受到我们的热情，顾客还可能会感到生气。

2. "一两个疗程吧。"

高手指点 回答过于简单，顾客无从判断我们说的一两个疗程到底是多久，而且也没有给出为什么需要一两个疗程。

3. "每个人的情况不同，有的可能一个星期，有的可能要一两个月。"

高手指点 这话说了等于没说，顾客还是不知道到底要多久才能有效果，反而让顾客更没信心了。

WHY 深度情景解析

任何化妆品要想得到满意的效果都是需要一定时间的，但顾客往往希望能在最短的时间内获得最好的效果，她们只关心产品能何时见效。尤其是对于功能性的化妆品，她们往往缺乏长期等待的耐心，如果觉得见效时间长，就不会有进一步了解的兴趣。

顾客要求见效快的购买心理也是人之常情，导购一定要充分注意到，然后根据产品见效的实际时间进行恰当陈述，避免让顾客产生见效时间长的感觉，语言要简洁、干脆。如果产品见效时间短，那就利用"时间就是成本"的陈述，尽快促使顾客体验或购买。如果见效时间较长，就强调安全性，对比可信度高的更长时间的品牌产品来消除顾客疑虑。

向顾客陈述化妆品见效时间时可以着重强调以下方面。

陈述见效时间的技巧

- 见效时间较快的产品：强调产品见效快，节省时间就是在节省金钱
- 见效时间一般的产品：强调产品的稳定和可靠性
- 见效时间慢的产品：强调产品的必要性、安全性、内外调理

实战强化训练 1

顾客：“这款抗皱霜需要多久才能见效呢？”

导购：“我正想给您介绍呢！像抗皱霜这种功能性的化妆品，跟润肤水等基础护理品在使用上还是有一些区别的，通常是按照疗程来使用。给您推荐的这一款抗皱霜每 15 次为一个疗程，前 5 次，每 2 天使用 1 次；后 10 次，每 5 天使用 1 次，用两个月左右的时间换来紧致、柔滑和弹性肌肤，非常值得。”

金牌技巧点拨

导购向顾客解释了功能性化妆品和基础护理品的区别，消除了顾客的疑虑。把使用时间讲述得很清楚，让顾客对见效时间有了一个大概的了解。

实战强化训练 2

顾客：“我的眼角有皱纹了，而且黑眼圈也比较明显，如果要使用这个消黑抗皱眼贴的话，多久才能有效果呢？”

导购：“消除黑眼圈和消除皱纹所需的时间不一样，您的黑眼圈主要是由于熬夜形成的，用我们的眼贴 3～5 贴就能有效缓解，15 天左右就能基本摆脱黑眼圈。眼袋和眼角皱纹所需的时间就长一些，一般需连续使用两三个月才会有明显的效果，这已经是同类眼贴产品中见效最快的了。”

金牌技巧点拨

导购简明扼要地回答了顾客的问题，并根据顾客的实际情况分析了消黑和抗皱所需的不同时间，解除了顾客的疑虑，让顾客也能心里有底。

34 情景演练 顾客认为你们的品牌模仿国外名牌

NO ✕ 错误应对示例

1. “怎么可能呢，没有这回事。”

高手指点 语气太过于生硬了，没有任何说服力，还会引起顾客的不满，影响后期销售。

2. “哈哈，您是在开玩笑吧，我们是合资的国际品牌！”

高手指点 顾客会认为我们的嬉皮笑脸有蒙混过关的嫌疑，不会轻易相信我们说的话，除非我们有实际的证据。

3. “我们模仿的什么品牌呢，您具体说一下吧！”

高手指点 就算顾客说的不是事实，也不能以一种质问的语气跟顾客说话，这样很容易得罪顾客。

WHY 深度情景解析

为了让自己的产品看起来高端一些，国内的美容化妆品在品牌命名上往往会起个比国际品牌还要国际化的名字，即使这些产品跟国外没有一点儿关系，有的甚至会直接注册一个国外品牌；即使不起洋名字，也会有一些去模仿知名品牌的设计风格和产品款式。

对于顾客提出的这类问题，要分情况处理。

如果是属于被仿冒的一方，导购不必生气，也不必急于辩解，毕竟清者自清，浊者自浊，从理解顾客的角度出发，用陈述事实的方式消除顾客疑虑。

如果属于仿冒者，也不必表现得矮人三分，只要手续是合法的，品质没有问题，依靠自己的核心竞争力，照样可以吸引到顾客。

当顾客问到品牌是否模仿的问题时，可以运用以下技巧应对顾客。

向顾客详细介绍本品牌的历史

提供事实依据及资料

应对技巧

适当赞美顾客的眼光和眼力

跟顾客讲述一个品牌故事

YES √ 实战强化训练 1

导购：“美女，看来您是一位行家啊，眼光真准！我也知道您说的这个品牌，确实有些相似，但您可能不知道我们这两个品牌是母子关系，我们××品牌正是您所说品牌的合资品牌。两个品牌之间除了名字不一样外，是同样的配方和同样的进口原材料，选择我们品牌，品质一样有保障，同时价格优惠了20%以上，您可以放心挑选。”

金牌技巧点拨

导购首先赞美顾客的眼光准，然后向顾客解释了品牌相似之处的原因，这时可以利用一些相关资料列举佐证，主要适用于合资类的品牌。

YES √ 实战强化训练 2

导购：“我非常理解您的顾虑，现在确实有很多假冒的化妆品牌，您多求证一下总没坏处。我们品牌是无可争议的国际品牌，这个您放心，不是我们仿冒别人，是别人在仿冒我们。这是我们的相关证照和授权证书，还有进口化妆品的海关批文，您可以看一下。既然您来到我们店，您可以体验一下我们原产品牌的品质和服务，看看到底好在哪里。我给您介绍一下我们品牌的××吧……”

金牌技巧点拨

导购先认同顾客的观点，再通过品牌的相关证书证实自己的品牌权威性，让顾客知道究竟谁是真谁是假。

35 情景演练 顾客问："祛斑霜的效果怎样"

NO ✗ 错误应对示例

1. "效果怎么样，得您试过了才知道！"

高手指点 这么回答不足以让顾客下定决心购买，反而会产生更大的疑虑，不再考虑我们的产品。

2. "效果肯定很好了，这款祛斑霜百分百有效果。"

高手指点 太过于肯定了，有点儿夸大其词，顾客只会认为我们是想把产品卖出去才这么说的。

3. "这绝对是祛斑的首选，如果这款没有用，其他的就更不行了。"

高手指点 话不要说得太绝对，要给自己和顾客留有余地，如果顾客就是不喜欢这款，我们这么一说就把其他路也堵死了。

WHY 深度情景解析

有没有效果是顾客购买化妆品最关心的部分，尤其是对于祛斑、瘦身等功能性的化妆品来说更是如此。因此，如果导购能对产品功效进行明确肯定，销售将变得十分顺利，但功效陈述既不能泛泛而谈，也不能夸大其词，要准确描述，加强顾客的信心，避免顾客对产品功效有过高的预期。

对化妆品功效的说明要建立在客观事实的基础上，要遵循基本的职业道德。导购应先明确顾客的需求，然后根据顾客的肤质，对产品能达成的效果进行准确说明。

如果顾客最终接受了推荐，要替顾客高兴，然后将使用产品的注意事项说清楚，这是保证功能性化妆产品发挥功效的前提。

对于想买功能性化妆品的顾客，导购可按以下步骤对产品功效进行说明。

（1）对产品的功效进行肯定："肯定适合您的皮肤，您放心。"

（2）对该产品的疗效和治愈率展开陈述和说明。

（3）拿出明确的数据和书面报告作为证据。

（4）说话要留有余地：“即使功效不明显，也有××的作用。”

（5）为顾客树立信心：“您的信心对产品效果也很重要。”

YES √ 实战强化训练 1

导购：“作为女孩子，我完全理解您想尽快祛斑的心情，但祛斑霜是一种功能性较强的化妆品，不仅要针对性地选择，还要注意其安全性。我们的产品是纯中药配方，不含任何激素和重金属成分，也没法达到快速祛斑。坦白地说，您的雀斑是遗传性的，根治很困难，但使用我们的产品能控制雀斑不再增加和恶化，阻隔晒斑和黑色素沉淀，长期使用能逐步淡化雀斑。安全、长效、内外兼治才是我们这款产品的卖点。因此，除了手术治疗外，这是一个安全、放心、可以优先选择的产品。”

金牌技巧点拨

导购对产品功效进行了客观、公正的描述，并没有夸大产品的功效，以达到成交的目的，顾客有时候更愿意去相信这种客观、公正的描述，最后可能会给导购带来满意的结果。

YES √ 实战强化训练 2

导购：“祛斑效果主要看产品的可靠性和针对性。这款祛斑霜融合了传统中医美容秘方和现代美白护肤科技的专利配方，由山桃花、白芷、茯苓等 32 种珍贵野生中草药萃取精制，适用于雀斑、黄褐斑、妊娠斑等各类斑点。经过 15 年的使用验证，有效率高达 96.25%，不含任何毒害性化学祛斑成分，安全性和可靠性有保障。您是太阳照射形成的日晒斑，后天形成，对比遗传、内分泌原因形成的雀斑和妊娠斑，恢复更轻松、更快，一般使用 10 天左右就可以看出效果。如果长期使用，这款产品还能帮助您保持肌肤嫩白、平滑，您可以放心购买。”

金牌技巧点拨

导购从产品成分和功效的角度进行陈述，并通过一系列数据从侧面向顾客保证了该产品的有效性，让顾客对产品充满信心，放心购买。

36 情景演练 顾客问："祛斑霜含重金属成分吗"

NO ✕ 错误应对示例

1. "这个您可以放心，肯定没有的！"

高手指点 回答太过于简单了，顾客不会轻易相信我们，会认为我们是在敷衍她，所以要提供具体的事实依据。

2. "别的品牌可能有，但我们的没有。"

高手指点 以诋毁其他品牌来抬高自己品牌的产品，最终达到销售的目的，这种做法并不会让顾客信任我们，可谓损人不利己。

3. "我们这款祛斑霜都卖了很多年了，您完全可以放心。"

高手指点 回答不够充分具体，要想让顾客对产品产生信赖，需要进一步展开论述。

WHY 一 深度情景解析

顾客往往对祛斑有迫切的需求，都想要快速祛斑，而有些商家就抓住了顾客的这种心理，违背商业道德，过分夸大产品效果，甚至为了能在短时间内有效果，在产品中添加铅、汞等重金属成分。这些有毒的化学成分虽然初期会使祛斑效果看起来非常明显，但长时间使用会造成色素沉淀、反弹、致癌等副作用，对人体危害非常大，而且还会使其他正规品牌的信誉受到不良影响。

对待提这类问题的顾客，导购首先要体谅顾客的心情，顾客不是故意要针对我们的产品，而是被化妆品行业中的某些产品伤害过，所以不再轻易相信，这也情有可原。要想消除她们的顾虑，我们必须通过对成分、作用的举证和市场口碑、权威证明等事实来向顾客做出保证，让顾客有效区分自身品牌和劣质品牌，从根本上消除顾客的疑虑。

导购向顾客解释化妆品的可靠性，可以从以下几个方面进行陈述。

承认顾客所说的事实："您的担心有道理"

强调重点："您使用后才能确信，毕竟时间是检验真理的唯一标准"

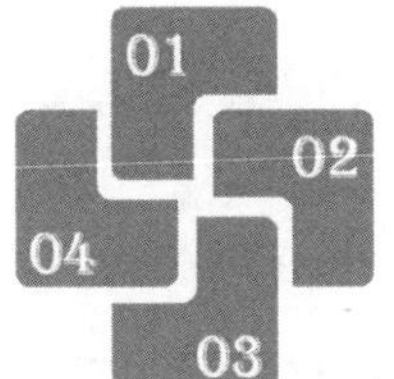

表明立场："其实我们也深受影响"

从品牌、功效、产品成分、工艺、消费者自身经验以及门店信誉等方面进行全方位介绍

YES √ 实战强化训练 1

导购："美女，您说得对！过去这种情况确实存在，但现在顾客的安全意识都很强了，对品牌的这种欺骗行为都有了高度防范，像您这样有头脑的行家更不会上当受骗，所以最有保障的就是合法经营了。一看您对祛斑产品就很了解，您完全可以从我们品牌的声誉和口碑判断出我们这款祛斑霜的安全性如何，不需要我多做解释，您说呢？"

金牌技巧点拨

导购对顾客高度的安全意识进行了肯定与赞美，并对顾客的防范意识这一点进行肯定，最后请顾客综合外界对品牌的评价，从而消除顾客的顾虑。

YES √ 实战强化训练 2

导购："非常感谢您能这么问，我们也对市场上夸大其词、不负责任吹嘘的产品很厌恶。经常有顾客会问我们：'你们是知名品牌，为什么产品使用时间长，见效又慢？'今天幸亏遇上您这样的行家，我的回答才更有可信度。我们这款祛斑霜起作用的是 3C 因子：1C 阻止黑色素形成，防止斑点加重；2C 将黑色素转化为浅色素；3C 淡化已形成的斑点，从根本上解决色素沉淀。产品虽然见效慢一点，但不用担心反弹，我们一直承诺的是安全祛斑，而不是快速祛斑。您也是这方面的行家，我们的产品含不含重金属，您一定能做出正确的判断。"

金牌技巧点拨

导购先对顾客的问题表示感谢，并站在和顾客一致的立场上回答顾客问题，拉近了双方距离，最后从产品成分的角度消除顾客顾虑。

37 情景演练 顾客问："保质期多长，有特别要求吗"

NO ✕ 错误应对示例

1. "保质期 3 年，不用特别保管。"

高手指点 回答不够严谨，万一有特殊的情况发生呢？应告诉顾客保管的注意事项。

2. "2020 年 10 月份到期，在保质期前使用都可以。"

高手指点 回答不够专业，容易让顾客产生误解，虽然已经告诉顾客在保质期前使用，但也要告诉顾客其中要注意的地方。

WHY 一 深度情景解析

化妆品有着像医药保健品一样严格的保质期。无论产品有多昂贵，超过了保质期也不能使用。化妆品的使用或长期存放也需要满足特定的保管条件，不然很容易引起品质变化。对于一些需要特殊保管条件的产品，即使顾客没有问，导购也要提醒顾客。

导购在向顾客说明保质期和存放要求时，步骤一般为先说保质期，可简要叙述；其次是使用的注意事项，如果有特殊存放要求，要重点说明。对于比较昂贵的产品，要特别提醒顾客注意保管和及时使用，避免造成过期浪费。

化妆品的保质与保存一般需要注意以下几点。

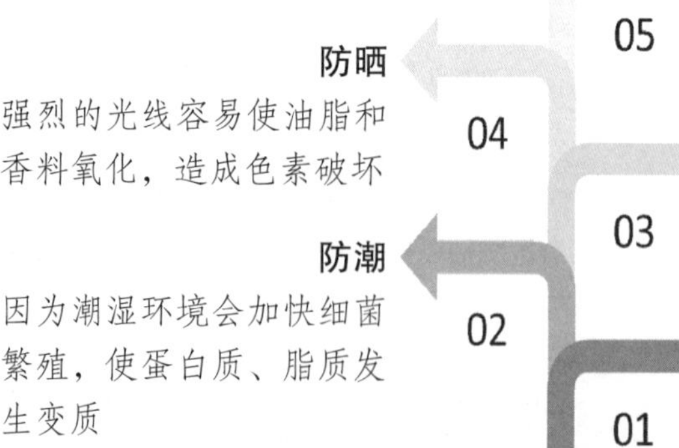

YES √ 实战强化训练 1

导购：“这款爽肤水是韩国原装品牌，有 4 年的保质期，所以您选择大瓶装的也不用担心产品过期，不仅价格上划算，也节省了重复购买的次数，如果您没有太多时间逛商场的话，选择它就对了。您平时把它放置在梳妆台就可以，注意阴凉、避光、通风保存，不要放在浴室。”

金牌技巧点拨

导购先回答了顾客关于保质期的问题，然后向顾客强调购买大包装的优势，最后介绍了化妆品保存的注意事项，回答步骤清晰，完美地解除了顾客疑虑。

YES √ 实战强化训练 2

导购：“这款面霜的保质期是 3 年，您开封后要在 1 年内使用完。使用期间要注意防尘、防潮和避免被阳光直射，否则产品容易变质，还要注意不能随意和他人共用，这样容易引起皮肤交叉感染。如果过了保质期，就算产品没用完，也不要继续使用，建议化妆品即买即用。”

金牌技巧点拨

导购跟顾客详细说明了产品的保质期及注意事项，同时提醒顾客要及时使用，避免过了保质期造成浪费，最后给顾客提供了购买化妆品的建议。

38 情景演练 顾客问：“这款产品配方是什么，可不可靠”

NO × 错误应对示例

1. “配方太多了，我记不住，不过产品都卖了 10 多年了，肯定没问题。”

高手指点 既然都卖了这么多年，属于老产品了，更应该对产品的配方和效果熟记于心。

2. “这是纯天然植物的护肤品，配方肯定安全、可靠。”

高手指点 回答顾客的问题前，要先对顾客的喜好有个基本的了解，再做出针对性的回答。

3. “这是今年新研发的配方，采用国际最新护肤理念，采用了现代生化技术和纳米技术，护肤效果非常好！”

高手指点 说了一堆空泛的名词，听起来好像很先进的样子，但顾客不一定能听得懂，可能会觉得我们在忽悠她，引起顾客反感。

WHY 一 深度情景解析

人类对美丽的追求是亘古不变的，尤其是女人，始终梦想自己可以青春永驻。其实，各种美容配方源远流长，现在美容化妆品的生产技术和配方更是日新月异，无论是传统、现代或复合配方都各具特色。这就需要导购注意不断更新自己的专业知识，了解掌握先进的生产技术和配方。

当顾客问起产品的配方时，导购要先了解顾客的选择倾向，再进行有针对性的说明，这样顾客更容易接受导购的陈述。当然，如果产品本身就有独特卖点，如驰名中外、历史悠久等，导购可先积极介绍。只要导购的介绍是真实到位，又富有感染力的，就能很容易激发顾客的购买兴趣。

导购在跟顾客陈述化妆品配方时，可以按照以下步骤进行说明。

- 第一步 先探寻出顾客的产品偏好
- 第二步 简要说明产品配方的历史、构成和作用
- 第三步 重点描述配方的特殊工艺和成分等
- 第四步 进行总结说明，强调产品对顾客的利益
- 第五步 寻求合适的机会，促成与顾客的交易

YES ✓ 实战强化训练 1

导购：“美女，这问题您真是问到点子上了！这款祛痘霜的配方源于古代的宫廷配方，凝聚了中国传统中药精华，距今 300 多年了，它的植物成分是中国中药保护品种之一。该产品在消炎消肿、清火去热方面效果显著。由于它是中

草药植物配方，完全不含任何激素，除了能帮助您快速祛痘外，还能温和养肤。相信您了解了这些，就不会对产品有怀疑了。”

金牌技巧点拨

导购先对产品的悠久历史进行了详细介绍，然后简要说明了产品的配方和成分，强调产品能给顾客带来的回报，激发了顾客深入了解的兴趣。

YES √ 实战强化训练 2

导购：“这个问题您真是问对了！这款产品是国际品牌，是有独家配方的。我拿一份产品资料给您看看。这款护肤霜含有15%的再生素以及鞘类脂、维生素E、杏叶精华及氟化油等成分，和其他品牌成分有明显差异。产品功效也非常好，长期使用能防止肌肤老化，使肌肤恢复细嫩、紧致的状态，是目前国际上最受欢迎的五大经典护肤品之一，选择它绝对没错。”

金牌技巧点拨

导购对配方的特殊工艺和成分进行了重点描述，指出了区别于其他品牌的地方，并简单介绍了该产品的受欢迎程度，从侧面也反映了产品的功效和品牌的口碑，让顾客对产品的选择意向更坚定。

39 情景演练 顾客觉得产品价格太高，包装却不好

NO × 错误应对示例

1. “不能啊，其他的顾客都觉得很好看啊！”

高手指点 好像在说这位顾客的眼光不如其他顾客一样，容易引起顾客的不满，导致交易失败。

2. “您难道不知道吗？这是最新的环保材料。”

高手指点 有一种暗示顾客见识少，看不起顾客的意思，顾客听完这句话可能会转头就走。

3. “包装虽然不怎么样，但产品还是很适合您的。”

高手指点 承认了顾客的观点，对销售没有任何积极作用，同时也没有真正解决顾客的疑惑。

WHY 一 深度情景解析

对化妆品来说，产品固然重要，但产品的包装也很重要。化妆品卖的是美丽的梦想，美丽梦想自然需要美丽的包装。产品的效果如何要在顾客使用后才能知道，但漂亮的包装却能对爱美的女性产生很大的诱惑力。

导购对产品包装的介绍要围绕顾客的需求进行：顾客看起来很成熟，就强调包装的国际化；顾客看起来比较理性，就强调包装材料的环保；顾客看起来很年轻，就强调包装的个性与前卫。总之，要根据顾客的特征进行解释说明，即使顾客对此持怀疑态度，也不要急于辩解，可引导或转移顾客的关注点，循序渐进地将顾客关心的重点转移到产品的品质和功效上。

当顾客对包装存有异议时，导购可按照以下步骤向顾客解释说明。

1 先认同顾客看法：“我们的包装看起来是比较简单”

2 进一步说明：“这是为了让顾客能更实惠地使用我们的产品”

3 强调产品内在：“聪明的女人注重包装，有智慧的女人更注重内涵”

4 进一步赞美顾客：“您也是这方面的行家，一说您就懂了”

5 寻机促成交易：“选产品应该只选对的，不选贵的”

YES ✓ 实战强化训练 1

导购：“您说得有道理，包装高档漂亮一点儿确实也很重要，这是我们的一个小小的遗憾，我会把意见反馈给我们设计部，希望他们在开发新产品或更换包装时能考虑您的建议，做出更好的设计。不过化妆品的品质和功效才是应该重点关注的，只要这两个方面没有问题，同样可以给您带来白皙水嫩的皮肤。”

金牌技巧点拨

导购先同意顾客的意见，并争取站在和顾客一致的立场上，然后说明购买化妆品应重点关注的方面，把包装问题转移到产品质量好坏的问题上。这种应对方式适用于包装比较普通的产品。

YES ✓ 实战强化训练 2

导购：“美女，您说得不错！我们的包装确实算不上漂亮，但不是我们不能做得漂亮，也不是不想花这钱，完全是站在顾客的角度上考虑的。在品质、配方、原材料都一样的情况下，如果选择高档的包装制作，价格至少要贵 15%左右，加上套盒的外包装，还会更贵。这一套产品需要 1500 元，您再花 200 多元买个包装肯定不合适。像您这样懂得生活的人一定知道内在品质比包装更重要。选产品应该选对的，而不是只选贵的。您认为呢？”

金牌技巧点拨

导购先对顾客的看法表示认同，并向顾客解释如此设计包装的原因，打消顾客的顾虑，然后从价格上进行比较，打破顾客对产品包装不满意的心理，坚定顾客购买的决心。

40 情景演练 顾客说：“你说是知名品牌，我却没见过广告”

NO ✗ 错误应对示例

1. “怎么会呢，很多顾客都是看了广告来买的。”

高手指点 直接反驳顾客，会让顾客感觉很没有面子，顾客不仅不会购买，可能以后都不会再来店铺了。

2. “我们经常在各大电视台做广告，您怎么会没看见呢？”

高手指点 这好像是在暗示顾客孤陋寡闻、没有见识，顾客会对我们产生反感，甚至对我们的品牌产生抵触心理。

3.“好的品牌，都是不需要打广告的。”

高手指点 现在已经过了“酒香不怕巷子深”的时代，顾客会认为我们的产品根本就不是名牌，而是为了销售在刻意自夸。

WHY 一 深度情景解析

顾客在购买化妆品时，往往对品牌格外关注。越是知名的品牌，顾客购买的阻碍就越小，可以说品牌是化妆品销售的关键要素。很多顾客会认为，产品的广告做得好，品牌才好，如果哪里都看不到品牌广告，那就不是知名品牌，而是普通甚至是较差的品牌。

顾客提出“没见过你们的品牌广告”这样的疑问，说明顾客对品牌并不信任，导购要及时引导顾客对品牌的错误认知进行更正。如果在广告方面确实做得不够，导购可以这么陈述：虽然广告能让顾客知晓品牌，但买化妆品最应该关注的是内在品质和效用，这才是购买产品的初心，好产品是能给顾客带来真正好处的，口碑就是产品最好的广告。

对于顾客提出“品牌没有广告”的顾虑，导购要做到以下几点。

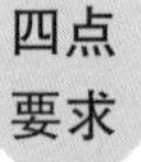

YES ✓ 实战强化训练 1

导购：“您说得不错，‘酒香也怕巷子深’，广告确实能提升品牌的影响力。但品牌要获得顾客的认可还是要依靠产品的品质和效果，广告只能一时有效，而顾客的口碑才是最重要的。我们的品牌采用的都是纯天然的植物配方，虽然广告做得不多，但把钱都用在了产品研发和提升品质上，决定我们品牌未来的是您使用后的口碑，如果您使用后觉得效果不错，自然会推荐给朋友，这就是最好的广告。我们品牌就是为您这样的女性量身设计的，您的品味非常契合我们品牌，既然您来了就是缘分，您可别错过了！”

金牌技巧点拨

导购准确地向顾客说出了品牌的定位和推广手段，然后肯定了品牌对顾客的适用性，并趁机提出成交建议，促成交易。

YES ✓ 实战强化训练 2

导购：“您这个问题真是问到点子上了，我给您证明一下我们品牌的推广力度吧！这是我们品牌一年的广告投放明细，上面清晰地说明了我们在中央电视台及各省级电视台的播出时段和频率，您晚上也可以注意一下。这是我们品牌在各大视频网站的一些广告资料，这是我们品牌在知名女性杂志的部分报纸资料，您看一下，我们品牌的推广宣传做得还是非常不错的。选择我们，一定能让您更加美丽、自信。”

金牌技巧点拨

导购通过用一些事实和数据来证明自己品牌的可靠性，以增强顾客的使用信心，让顾客对产品产生信赖的同时能下定决心购买。

41 情景演练 顾客认为产品的品牌知名度不高，没听说过

NO ✗ 错误应对示例

1. “我们是新品牌，刚上市还没多久呢！”

高手指点 顾客本来就对品牌有所怀疑，再这么简单地解释，顾客更不会相信品牌效果了。

2. “您买的是效果，又不是品牌。”

高手指点 顾客往往对化妆品的品牌非常关注，敏感度很高，甚至会认为品牌在一定程度上决定了产品质量。

3. “我们的品牌挺有名的啊，您没听说过吗？”

高手指点 既然顾客都说了觉得产品的知名度不高，再问顾客一遍是觉得顾客太孤陋寡闻了吗？

WHY 一 深度情景解析

几乎所有女性在购买化妆品时都会问到品牌问题上，化妆品是品牌敏感度很高的产品。高知名度的品牌也往往代表了信誉、品质和高价。但要注意，有时顾客提出这类问题并不是为了了解更多的品牌信息，而是想借此贬低品牌以争取更多的优惠。

导购对于品牌问题的解释要围绕顾客的心理需求展开，只要陈述得当，说出顾客关心的重点，新品牌同样能让顾客形成共鸣。有时，导购讲述一个简短、生动的品牌故事，甚至一两个没有逻辑问题的理由，就能让顾客对产品充满信心，消除对品牌的顾虑。

对于不同的化妆品品牌，也有不同的说服技巧。

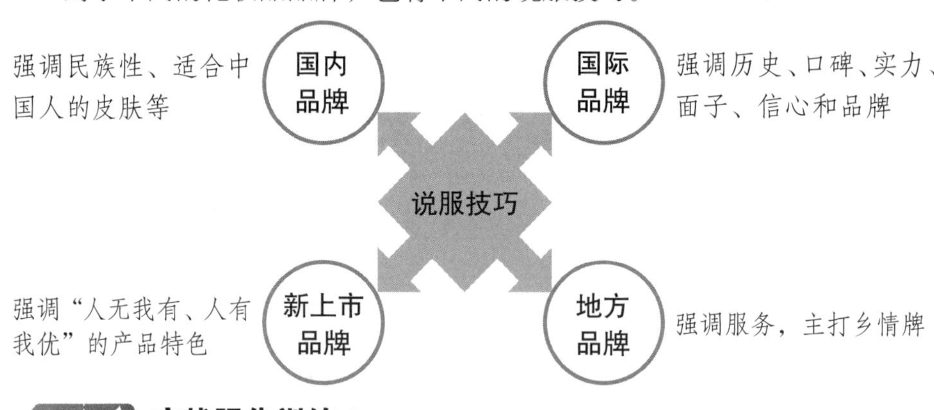

YES √ 实战强化训练 1

导购：“您没听说过我们的品牌也很正常，我们品牌进入国内的时间还不长，除了北京、上海、广州等大城市之外，其他省会城市也刚刚进入，所以顾客对此了解不多。但我们是真正的国际品牌，品质您可以放心，在欧美国家的知名度是非常高的，代言人是国际的顶级明星。您可以上谷歌搜索一下，或者找熟悉国际化妆品品牌的朋友了解一下。而且这个商场本身就是顶级商场，我们能入驻这里，就是高端品牌和品质的保证。”

金牌技巧点拨

导购通过入驻大城市、顶级明星代言等理由消除顾客对品牌的顾虑，并从入驻的商场入手，加深顾客对品牌的信任。

YES √ 实战强化训练 2

导购：“美女，您眼光真准！我们确实是刚上市的新品牌。不过您放心，正因为是新品牌，我们更加注重品质和服务。现在竞争激烈，新品牌如果没有独特的优势则很难在市场上立足。我们比您更担心知名度不够对销售的影响，不过，我们承诺顾客‘无效退款’，这就解决了大家的顾虑。我们有信心解决您的皮肤问题，您也可以放心使用。”

金牌技巧点拨

导购首先对顾客的眼光表示肯定，然后从新品牌需要打开市场这一方面突破，并承诺无效退款，让顾客在购物时无后顾之忧。

42 情景演练 顾客说：“没见过你们的广告，倒常看到其他广告”

NO × 错误应对示例

1. “我们的牌子也是大品牌啊！”

高手指点 回答得太过于简单了，顾客并不会相信我们的产品。如果也是大牌子，为什么看不到广告呢？

2. “广告做得好，品牌大，产品不一定就好。”

高手指点 任何时候都不要去诋毁其他的品牌，不仅对销售没有任何帮助，顾客还会认为我们的人品有问题。

3. “但我们产品不错的。”

高手指点 解释太苍白无力了，没有说出能给顾客带来的任何实质性的好处，无法打动顾客。

WHY 深度情景解析

顾客在购买产品时，往往会拿一家的产品和另一家进行对比，这很正常。当顾客说：“没见过你们产品的广告，倒是经常看到××的广告”时，不要一味地与顾客争辩，而要谦虚地表现出对竞争品牌产品的尊重，并真诚地赞美顾客，在获得顾客的认同和好感后，转入产品推荐阶段。

对待此类顾客，导购可用谦虚的语言主动承认自己的工作没做好，获得顾客的谅解，然后转移话题向顾客介绍产品情况，主动引导顾客了解产品的特点，让顾客直接体验产品，朝着购买的方向前进。

YES 实战强化训练 1

导购：“××确实是个不错的牌子，在广告方面做得比我们到位，一直都是我们学习的对象，您觉得他家什么地方比较吸引您呢？（等顾客说完原因）其实我们品牌在这方面做得也是非常好的，只是品牌在广告推广方面投入得相对比较少，比起推广，我们更追求品质，而且我们的产品在××方面是有优势的。”

金牌技巧点拨

导购先认同顾客的观点，获得顾客的好感，然后通过探寻竞争品牌的优势之后，就可以针对顾客的喜好进行产品推荐，这样更容易成交。

YES 实战强化训练 2

导购：“看来您的眼光不错，××是个知名度很高的牌子，广告力度比较大，这点确实比我们做得好。但您也知道，每个人的肤质不一样，化妆品得挑选合适的，只有适合您的才是最好的。我们这个品牌的产品优势在于祛痘效果非常好，而且采用的都是纯天然植物配方，效果温和无刺激。您看，这是我们一些老顾客用了这款产品之后分享的照片，反馈结果都很好。”

金牌技巧点拨

导购首先赞美顾客，并对顾客的观点表示认同，然后自然地转入了对产品的介绍，简单、自信地向顾客介绍了产品的功效和特点等，最后用老顾客的反馈实例激发顾客的购买欲望。

第四章

Chapter 04

顾客体验产品情景口才训练与实战技巧

销售口才

“耳听为虚、眼见为实、用过为真”，因此让顾客体验到产品的价值是消除疑虑、建立信任最有效最快捷的方式。当我们积极地为顾客提供价值，让顾客尝到甜头时，顾客就愿意把信任票投给我们，我们将会收获一批忠实的顾客。

43 情景演练 如何引导顾客体验化妆品

NO × 错误应对示例

1. “我免费给您化个妆，您体验一下吧！”

高手指点 还没有了解到顾客有什么购买需求就直接让顾客体验，即使顾客答应我们，也不一定能销售出产品。

2. “我们这里有试用装，您要是喜欢的话可以试一下效果。”

高手指点 说法太平淡了，顾客基本不会产生想要试用的欲望，最好先说出产品能给顾客带来的功效。

3. “这是我们最新款的口红，您试一下颜色吧！”

高手指点 顾客听了不会提起多大的兴趣，因为顾客并没有什么非试不可的理由。

WHY — 深度情景解析

产品小样和试用装方便顾客体验产品效果，因此大部分的化妆品店都会有这些小样。如果顾客非常喜欢一款产品，基本上不用导购提出，顾客就会主动提出试用要求。这时候，导购就要尽快取出试用装，避免顾客因等待时间过长而失去试用想法，用专业的美容化妆手法给顾客更好的体验感受，证明产品的价值和顾客的眼光。

即使顾客的购买需求并不强烈，导购也可以通过让顾客体验产品来挖掘顾客的需求。导购要想让这类顾客接受试用，在向顾客讲述时要注意几点：一是向顾客说明产品的功效及产品能给顾客带来的好处；二是强调只要一试用，产品好不好自然就能明了；三是要对自己充满信心，相信自己的专业；四是告诉顾客购买权在他们手上，自己不会强迫顾客购买，让顾客大可以放心。

要想成功引导顾客体验产品，导购需要做到以下几点。

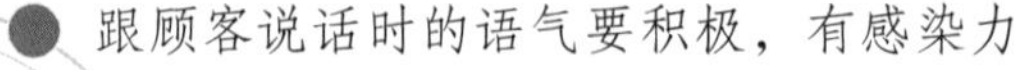

引导体验

- 跟顾客说话时的语气要积极，有感染力
- 要肯定产品，并让顾客也对产品有一定好感
- 强调试用的必要："只有试过才能知道满不满意"
- 要事先提醒："产品颜色效果可能和实际效果有偏差"
- 不要让顾客试用产品超过 3 次，否则顾客更难以决定

YES √ 实战强化训练 1

导购："美女，我看您对这个色系的口红挺喜欢的，一直拿在手上。俗话说，'百闻不如一见，一见不如一试'，您最喜欢哪几个颜色呢？您都可以试一下，这样就能看出您最适合哪个颜色了。"

金牌技巧点拨

导购通过仔细观察顾客的行为，了解到顾客的喜好，然后积极地促使顾客进行产品试用。该说话技巧主要针对有兴趣但还没确定具体要求的顾客。

YES √ 实战强化训练 2

导购："美女，指甲油的色板色和实际上的颜色会有一些视觉偏差，而且这么多放在一起，很容易看花眼。为了对比出最适合您的颜色和最理想的效果，建议您还是试用一下。如果有不错的效果，您也可以放心购买。如果可以的话，请给我 3 分钟，之后您就会有一双美丽的纤纤玉手。"

金牌技巧点拨

有时顾客挑到的产品不一定是适合自己的，但导购又不方便直接跟顾客说明，这时就可以提出让顾客试用，然后在试用过程中帮顾客找到适合她的产品。

YES ✓ 实战强化训练 3

导购：“美女，您的眼光真好。这款口红是我们这一季度新上市的，最适合像您这样年轻、漂亮的女孩子使用了。您的皮肤白皙粉嫩，这款粉橘色更衬您的肤色，浪漫中带着成熟，让人感到安适、放心。我拿试用装给您试一下效果，您自己感受一下吧！”

金牌技巧点拨

顾客已经拿起一款特定的商品看，说明已经有了明确的购买意向，因此导购直接向顾客介绍了这款产品的特性及能给顾客带来的效果，并积极推荐顾客试用，促使顾客尽快决策。

44 情景演练 顾客不想试用化妆品

NO ✗ 错误应对示例

1. “既然您不想试，那就算了。”

高手指点 虽然表面上看起来是尊重顾客的意见，但实际上是销售能力不足的表现。

2. “好吧！”

高手指点 这样的回答只能导致顾客迅速离店，让我们失去一个本来有可能购买产品的顾客。

3. “免费帮您化妆的，又不要您钱，您试一下吧！”

高手指点 如果顾客就是很不喜欢试用产品，即使告诉顾客是免费的，顾客也不会轻易尝试。

WHY 深度情景解析

顾客不愿意试用，往往是对产品没有足够的信心，也不清楚产品是否适合自己。同时，顾客也会存在一些顾虑：顾客会担心试用之后会被导购强迫购买，也担心在这么多人面前试用产品不好意思。

对于这类顾客，导购不要逼得太紧，可以先跟顾客闲聊一会儿，问问顾客以前的使用经验以及对产品有什么看法，等顾客的心情稍微放松之后，再向顾客提出试用的要求。在引导时要注意对顾客的顾虑有针对性地展开解释和说明，加强其试用的信心，这样才能加大成交率。

针对不同的顾客，引导体验试用有不同的说服技巧。

说服技巧

- 怕麻烦的顾客：要强调快、迅速，“如果产品不合适，皮肤出问题就麻烦了”
- 担心不卫生的顾客：要强调产品的安全、可靠，“没关系，在您手上试用，也可以感觉到效果”
- 没考虑好的顾客：对顾客的想法表示认同，“应该的，确实要认真选一选，都试一试才好做出决定”
- 怕被强迫购买的顾客：强调安全感，“您放心，我们不会强迫您购买，决定权在您手上，您试试才能做出正确决定”

实战强化训练 1

顾客：“算了，店里太多人走来走去，不好意思。”

导购：“您说得有道理，化妆过程确实是一件挺不好意思让人观看的事情，尤其是当着异性的面更是难为情。但还好来店里的都是跟您一样的美女，我为您换到靠里的位置，这样过来的顾客就注意不到您了。等您打扮好之后，再来让大家欣赏。”

金牌技巧点拨

有的顾客会觉得在大庭广众之下化妆很不好意思，对于这类顾客，就要尊重顾客的意愿，尽可能地把顾客安排在人少的地方。

实战强化训练 2

顾客：“我还没有决定好要不要买，还是算了吧！”

导购：“您误会了！我不是要求您必须购买，试用产品只是为了帮您更好地考虑，做出决定，毕竟化妆品的效果只有试过之后才知道。买不买还在您的想法，感觉好，您就买；感觉不好，您可以给我们提建议，这样我们后续改进的时候会更加注意，这都很重要。”

金牌技巧点拨

对于害怕被强迫购买的顾客，要向顾客强调安全感，表明不会强迫顾客，这样顾客才有可能答应试用产品，从而为导购增加将产品销售出去的机会。

实战强化训练 3

顾客：“还得试用，太麻烦了，算了！”

导购：“我们这套产品最大的特点就是使用简单、方便，在各种场合都可以轻松补妆，您试用一下就能感受到这一点，您用几分钟的时间，就能换一个精致的新妆容，不算麻烦吧？”

金牌技巧点拨

对于这类害怕麻烦的顾客，要重点强调产品使用的简单方便，不会耽误顾客时间，迎合顾客的心理，激发顾客的了解兴趣。

实战强化训练 4

顾客：“试用装被那么多人用来用去，也太不卫生了，还是算了。”

导购：“这个您可以放心，我们也考虑到了这一点，因此在其他顾客试用后非常注意卫生问题，产品也会每天消毒一次，每两个月就会全部换新，即使没用完也不再使用。化妆棉和小棉签都是每天都会更换的，像现在这套试用装就刚拆没几天，基本上您担心的方面的顾虑会少很多。如果您实在担心，也可以在您的手上进行使用，同样可以体验到产品效果。”

金牌技巧点拨

顾客觉得试用装不卫生，导购就要向顾客强调产品的安全可靠、定时换新，让顾客减少顾虑。即使顾客仍不同意试用，也要找出顾客担心的问题，给出其他的解决方案。

45 情景演练 如何建议顾客做皮肤测试

NO ✕ 错误应对示例

1. “美女，您肯定属于油性皮肤。”

高手指点 这说法太过于主观了，还没有经过测试，了解顾客的具体皮肤情况，就直接给出判断，难免会出错。

2. “美女，请问您的皮肤容易过敏吗？”

高手指点 询问太过于直接了，容易引起顾客的不满，在问顾客具体的问题之前最好先有个铺垫。

3. “美女，做个免费的皮肤测试吧。”

高手指点 并没有说明做皮肤测试能给顾客带来的好处，顾客可能会直接拒绝我们。

WHY 一 深度情景解析

女性都会有兴趣了解自己的皮肤状况，而根据肤质选择化妆品也是护肤的基本原则。如果导购一上来就直接跟顾客推销，顾客可能不会轻易接受，但如果跟顾客说测试一下皮肤能更了解自己皮肤更适合什么产品，这样顾客在心理上就更容易接受。因此，导购主动建议为顾客做皮肤测试，并做出专业判断，能更好地引导顾客体验产品。

导购要想使顾客接受皮肤测试，就要拿出自己的专业知识和替顾客解决问题的诚意。如果导购能对顾客的肤质状况做出迅速而准确的判断，传递顾客在知道自己肤质后想了解的护肤知识，顾客的心自然会偏向我们，这时候顺势引导出产品体验，顾客就很难拒绝了。

判断顾客的皮肤属于哪种类型，可以从以下特征进行分析。

05 油性皮肤
皮脂分泌过于旺盛，毛孔粗大，肌肤粗厚，毛孔堵塞、易长粉刺

04 敏感性皮肤
看上去皮肤较薄，容易看到红血丝（扩张的毛细血管）

03 干性皮肤
皮脂分泌少，皮肤干燥，缺少光泽，冬天容易干裂、起皮

02 混合型皮肤
在面部T区（额、鼻、口、下颌）呈油性，其余部位呈干性

01 中性皮肤
肌肤状况稳定，皮肤质地均匀，毛孔细小，纹理细腻，富有光泽度

实战强化训练 1

导购：“美女，看您对美容护肤方面的知识比较关心，相信您也有兴趣了解最新的美容资讯和皮肤护理知识。只有对自己的肤质情况有一个准确的了解之后，才能有针对性地选择护肤品，改善自己的皮肤状况，不用再依赖于专业的美容护理。我们店有最专业的皮肤测试仪，我可以给您做个专业的皮肤测试，只需短短 2 分钟，您就可以了解自己的皮肤状况，测试是完全免费的。您这边坐，我马上为您做测试。”

金牌技巧点拨

导购通过观察顾客，发现顾客对美容护肤有很大兴趣，并告诉顾客了解自己肤质状况的重要性，然后顺势提出为顾客进行专业的皮肤测试，再进行产品推销就不显得那么急功近利了。

实战强化训练 2

导购：“美女，我发现您的脸部皮肤有明显的毛细血管，可以清晰地看到血丝，皮肤看起来非常薄。根据我的经验判断，这是敏感性皮肤的特征。您平时使用化妆品或者碰到一些东西是否很容易过敏呢？”

顾客：“对啊，不单是使用化妆品过敏，就是接触到花粉一类的粉状物质都会过敏。”

导购：“所以您选择化妆品一定要小心，必须是纯天然、抗过敏的护理产品。比如，我们这款抗过敏精华，就是针对敏感性肌肤专门设计的，不仅能滋润皮肤，还有修复过敏性皮肤的作用。您可以体验一下本产品和一般产品的区别，等试过之后就知道我说的对不对了。”

金牌技巧点拨

导购通过面部观察，发现顾客的皮肤肤质比较容易判断出来，并询问顾客再次确定自己的判断，然后导购就以对顾客皮肤性质的判断，自然地展开了产品体验。

46 情景演练 顾客不太懂如何使用产品

NO ✕ 错误应对示例

1. “这很简单的，您一看说明书就懂了。”

高手指点 顾客想要的是我们为她解释清楚该怎么使用，使用过程应注意什么，而不是敷衍顾客，让顾客自己去看，去琢磨。

2. “这个在精华之后用，稍微用一点儿就行。”

高手指点 “用一点儿”，那一点儿是多少呢？没有给顾客提供一个具体的使用量，顾客还是不清楚怎么用。

3. “那您看看这款产品吧，比那个使用简单。”

高手指点 顾客既然已经喜欢上某款产品了，就直接告诉顾客怎么使用就可以了，再向顾客推荐其他的，不仅不容易成交，还可能引起顾客反感。

WHY 一 深度情景解析

顾客既然问到如何使用产品，就说明她已经有了明确的购买意向，只要导购跟顾客介绍清楚，基本上就可以成交了。因此，在这一环节导购一定要认真、仔细地把产品的使用方法、注意事项等信息告知顾客，因为如果使用方法不对，可能导致产品没效果甚至产生过敏现象，导致顾客流失。

这类顾客一般都是新手，没怎么用过化妆品，也不懂护肤的顺序。因此，在给顾客介绍如何使用产品之后，可以向顾客介绍一些化妆护肤的小知识，这样既能展现出我们的专业用心，具有人情味，不显得冰冷，也能赢得顾客信任，还能趁机向顾客进行关联推荐。总之，对待这类顾客一定要慎重，千万不能让准顾客因为我们的接待不用心导致其最终流失。

实战强化训练 1

导购：“这款粉底液是在您做好了护肤步骤之后使用的，虽然粉底液是一种带有护肤功能的化妆品，但它不能直接使用。在用粉底液前，要先用水乳霜等一系列护肤品来为皮肤补充水分和营养；涂完护肤品后需要涂隔离霜，隔离霜具有隔离彩妆的作用，能减少粉底液对皮肤的刺激；涂完隔离霜后才能开始用粉底液。像您的脸型比较小，在涂抹时涂一颗黄豆大小的粉底液就可以了。涂抹工具最好使用海绵扑，这样化妆不会伤害皮肤，而且很快就能上妆，如果期间您感觉粉底液不够，可以适当加涂。在涂完之后，若感觉脸部肤色和脖子肤色有较大的色差，也可在脖子上涂抹上粉底液。”

金牌技巧点拨

导购向顾客详细地说明了使用粉底液的步骤，让顾客有了一个大概的了解，如果顾客正好也没有其他的护肤产品，还能趁机向顾客做关联推荐。

实战强化训练 2

导购：“这款眼霜要早晚各使用一次，这样对您的黑眼圈和眼袋的淡化更有效果。既然您想用，那么一定要坚持用。眼部的肌肤很薄，因此在使用眼霜的时候不要涂太多，基本一粒大米大小就可以，要防止涂抹过多而产生脂肪粒。眼部的护理产品最好不要和其他的产品叠加使用，防止眼部负荷过重，起反作用。另外，在平时一定要注意休息，晚上不要总熬夜，注意平时的饮食调节，多吃一些富含蛋白质的食物。”

金牌技巧点拨

导购在告诉顾客如何使用产品之后，也给顾客的日常作息及饮食提出了一些建议，让顾客能感受到导购的用心，从而加速成交。

47 情景演练 顾客认为护肤品气味不好闻

NO ✕ 错误应对示例

1. “它的原料就是这个味儿，没有办法。”

高手指点 这样回答等于是放弃了这个顾客，顾客不会因为我们的解释而购买，而会选择其他品牌。

2. “说明产品是纯天然的。”

高手指点 虽然说出了产品的一个优势，但并不足以让顾客有要购买的冲动，而应该详细阐述给顾客带来的好处。

3. “但价格便宜啊！”

高手指点 顾客购买化妆品最看重的还是效果，更何况顾客说气味不好闻，你再回答价格便宜，等于是承认了产品质量有问题。

WHY 深度情景解析

护肤品如果有愉悦怡人的香气，往往能吸引女性的注意，因此顾客对护肤品的香味很关注。但由于护肤品的品牌不同，所用的原料也是不一样的。比如，有的护肤品会使用玫瑰、芦荟等作为原料，这样生产出来的护肤品的气味就比较好闻；而有的护肤品会使用芍药、地黄、当归等中草药作为原料，这样生产出的护肤品会带有一些中药气味，顾客可能就不太喜欢，但这并不代表它的护肤效果不好。

导购在对待这类顾客时，可以先肯定顾客的说法，因为当导购与顾客站在同一立场上时，顾客就会认为我们是真的理解体谅她，当顾客认为我们是她的支持者时，她就会更有耐心、更相信我们说的每一句话；接下来就要消除顾客的顾虑了，这个过程一定要做到公平和客观。我们可以说：“你现在闻到的气味是它的天然原料的本来气味，可能不习惯，但它其实是对皮肤有益的原料，采用的是纯天然的中草药配方，对皮肤绝对温和无刺激。”当顾客觉得产品气味不好闻时，只要跟顾客讲清楚这不会对皮肤有危害，反而有很多好处时，顾客自然不会再把过多的注意力放在气味上。

YES √ 实战强化训练 1

导购：“我们这款护肤品的气味确实不怎么好闻，但您也知道护肤品主要还是要看品质和护肤效果的。我们这款产品定位天然护肤，是为您这样的油性皮肤量身定做的产品，采用的完全是有机绿色材料，没有化学品的投放，在生产完成后，配方师都会亲自试用来证明产品的安全性，很多顾客用了之后都反馈脸部皮肤变得光泽润滑了很多，毛孔也有明显缩小，有效地改善了皮肤状况。”

金牌技巧点拨

导购先肯定了顾客的说法，然后从产品安全性的角度向顾客解释了气味不好闻的原因，打消了顾客的疑虑，并给出一些老顾客的反馈结果，让顾客更关注产品使用效果，激发顾客的购买欲望。

YES √ 实战强化训练 2

导购：“美女，我可以理解您的顾虑，但其实很多国际知名的基础类护肤品的气味都不是很好闻的，有的甚至很难闻，比如××的面霜，气味就类似于膏药，但它的产品效果非常不错，属于这一品牌的明星产品。我们这款产品的气味就来源于中草药，可能您刚开始不适应，但习惯以后，其实气味也不算特别难闻。而且越是香味重的产品，还是越少用比较好，因为有的香料可能添加过多，会对皮肤产生一定的伤害。”

金牌技巧点拨

导购通过举出国际知名品牌的例子来说明一些好的产品气味不怎么好闻，让顾客对产品产生一定的信任，并提醒顾客香味过重的护肤品可能给皮肤带来危害，彻底打消了顾客的疑虑。

48 情景演练 顾客觉得紫色眼影太妖艳，不合适

NO ✕ 错误应对示例

1. “您要是不喜欢这种，我再给您换一种效果。”

高手指点 如果这么轻易就放弃，再试的效果顾客也不一定就会满意，只会让成交变得越来越困难。

2. “您对自己也太没信心了，我看着就很漂亮啊！”

高手指点 这样说并不会激起顾客的购买欲望，缺乏让顾客一听就很心动的感染力。

3. “要的就是这种妖艳魅惑的感觉！”

高手指点 顾客既然说了不喜欢妖艳，我们如果还从顾客不喜欢的方面回答，肯定没有效果，改变不了顾客的内心想法。

WHY 深度情景解析

现代女性都把化妆作为必不可少的社交手段，除了每天最基本的护肤品之外，也会使用一些彩妆产品。对于一些皮肤有瑕疵的顾客来说，可以利用彩妆产品和化妆技术进行掩盖，但不正确或频繁地使用彩妆也会反过来损害皮肤。

眼影是一个出色彩妆必不可少的产品，如果缺少眼影，彩妆就不完整了。眼影可以增加眼部的立体感，而紫色眼影属于比较妖娆的色系，女人味比较浓厚，通常给人神秘、冷艳、成熟、贵族的感觉。要想让顾客能接受眼影的妆面效果，导购就要从顾客的肤色、色彩含义、使用效果、使用场合及搭配技巧等多个角度进行说明，顾客才能相信你的推荐。

导购在让顾客试用彩妆的各个阶段都是有技巧的，具体如下。

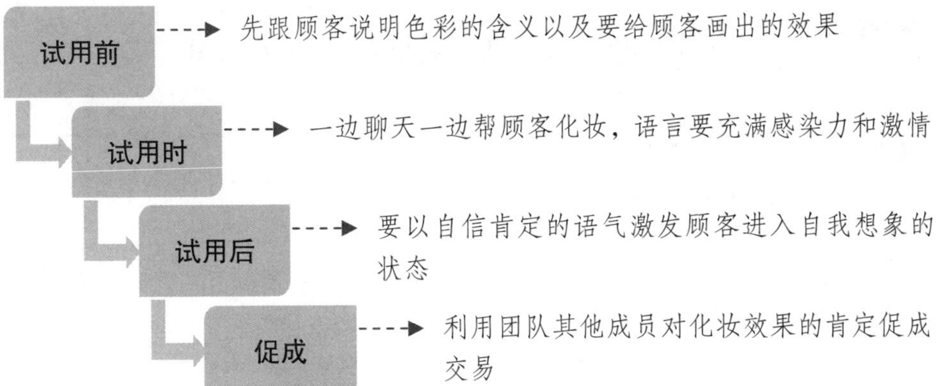

YES √ 实战强化训练 1

导购：“美女，您是不是觉得紫色眼影太成熟了，不适合您？其实紫色系是常见的眼影色系，也非常适合年轻女孩子使用，无论是活泼、清纯还是个性的女孩子都可以使用。我是为了表现眼影的最佳效果，所以画得重了一些。既然能适用晚宴妆，日常妆容肯定没问题。您这边先开单，我再为您介绍几种生活妆的画法，这样您以后就可以根据不同场合画出自己喜欢的妆容了。”

金牌技巧点拨

导购先消除了顾客对紫色眼影存在的误会与偏见，然后趁机提出开单并承诺帮顾客介绍其他画法，还针对顾客化妆知识的不足做出了相应的说明，让顾客能没有任何顾虑地购物。

YES √ 实战强化训练 2

导购：“美女，这款紫色眼影充满了成熟与神秘气息。您的皮肤看起来暗淡偏黄，正好适合这个颜色。另外，您给人的感觉非常内敛，这款眼影代表了强烈的自信，能释放您内在的激情和魅力，展现您的光彩。可以这样说，能达到这个造型效果的眼影并不多，您可以问一下其他人对您上妆的感觉。大家说，这样的眼影效果是不是很完美？”

金牌技巧点拨

导购根据顾客的皮肤颜色和性格说明其为什么适合这个颜色，然后利用团队其他成员的力量，周围人的肯定强化眼影效果，让顾客得到更大的心理满足，激发顾客的购买欲望。

49 情景演练 顾客认为洗面乳油腻，洗不干净

NO ✕ 错误应对示例

1. “可能是您洗的方法不对。”

高手指点 把原因直接推给顾客，明显是在推卸责任，不但会引起顾客的不满，而且影响店铺的信誉。

2. “您洗的时候多洗一会儿就好了。”

高手指点 解释太过于简单了，不够详细，顾客不一定会认同我们的说法，仍然会认为是产品问题。

3. “您可能是第一次使用的原因，不习惯罢了。”

高手指点 完全属于安慰顾客的语言，没什么真正的说服力，还是没有解决顾客的问题。

WHY 深度情景解析

洗面乳是每天都要使用的基本护肤品，顾客也很容易判断其质量的好坏。洗面乳具有清洁、营养、保护皮肤等功效。如果顾客称洗不干净，这通常是因为顾客使用方式不正确、产品不适应顾客皮肤、产品不适应当前季节等原因造成的。

因此，导购在引导顾客试用体验时，一定要保证产品适合顾客的皮肤类型。这样即使顾客在试用后提出问题，导购也能凭借专业的知识、充足的信心和富有水平的陈述技巧让顾客相信自己的解释。

如果在顾客试用前，能先将试用可能产生的感觉告诉顾客，会让顾客更信赖产品。

如果顾客提出“洗面乳洗不干净”，导购可以从以下几个方面来进行解释。

从顾客皮肤状况上

您属于干性皮肤，之前的产品没有特别针对您的肤质

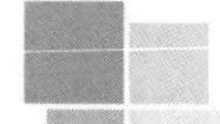

从顾客使用习惯上

您刚刚更换一款新的产品，需要有几次适应的时间

从顾客使用方式上

除了选对产品之外，还需要学会正确使用产品

从季节变化的原因上

现在处于秋冬季节，正是需要给皮肤补充水分和营养的时候

从产品搭配上

洗面奶再搭配×××，彻底清洁才有保障

YES √ 实战强化训练 1

导购：“美女，您属于干性皮肤，清洁力太强的产品不一定适合您。您之前使用的洗面乳虽然各类皮肤都能用，但其重点在于深层次清洁，并不完全适合您的皮肤使用。我们这款是主要针对干性皮肤的，属于滋润型的洗面乳，加强了保湿因子和营养成分的补充，有助于修复皮肤纤维，恢复皮肤弹性。您之所以觉得油，正是因为营养成分起了作用，和您说的皮肤分泌的油脂、污垢清洗不掉不是一回事。”

金牌技巧点拨

有的顾客可能对自己的皮肤状况并不了解，导购就要从专业的角度帮顾客分析×性皮肤适合使用××洗面乳，改正顾客“洗面乳油腻，洗不干净”这一错误观念。

YES √ 实战强化训练 2

导购：“美女，您是油性皮肤，用清洁力强的洗面乳来对付油脂分泌没错，但现在已进入秋冬，气候变得越来越干燥寒冷，如果继续使用清洁力过强的洗面乳，反而会加快水分和营养成分的流失，即使是油性皮肤，也会引起蜕皮和干裂。因此，现在应该更换温和一些的清洁产品，注意补充水分和营养成分。

您试用的这款洗面乳就能有效补充水分，使用后皮肤含水量能达到73%，非常适合在秋冬季节时使用。您第一次使用可能不太习惯，但多用几次后就能感受到这款洗面乳的补水效果了。”

金牌技巧点拨

导购向顾客解释了为什么在不同的季节要采用不同的清洁产品，让顾客对此有了基本了解，然后针对顾客的肤质、气候、使用方式等方面，向顾客解释“洗不干净”的原因，顾客就更容易接受了。

YES √ 实战强化训练3

导购：“美女，要想让洗面乳发挥最佳效果，除了选对产品以外，还需要正确的使用方法。这支洗面奶的清洁力度还是很强的，只是您的脸部油脂分泌旺盛，所以要更加注意使用方法。您洗脸时间可适当延长一些，对脸部进行适当按摩，保证乳液能完全转化为泡沫；尤其是T字区，油脂分泌最旺盛，要多洗一会儿；夏天也要用温水洗，这样能加快油脂溶解，就不会有洗不干净的感觉了。另外，洗完脸也要及时补水，建议您配一支收缩水，既能补充水分还能收缩毛孔，控制油脂分泌，效果更好。”

金牌技巧点拨

顾客觉得没效果，有时候是因为使用方法不对。对于这类顾客，导购要着重介绍洗面乳的具体使用方法，确保顾客能以正确的方式洗脸。为了达到更好的护肤效果，可趁机进行关联推荐。

50 情景演练 顾客觉得香水气味闻起来很怪

NO × 错误应对示例

1. “这是神秘的气味。”

高手指点 虽然回答得还不错，但顾客需要的不一定就是神秘，顾客想要的可能是浪漫、优雅或者高贵的感觉。

2. “香水在瓶子里的气味跟使用的气味肯定是有区别的。”

高手指点 这句话应该在顾客试用前就先提醒顾客，让顾客有一个心理准备，而不是在事后弥补。

3. “这是国际知名的香水品牌，气味就是比较独特的。”

高手指点 这有一种暗示顾客不识货的感觉，让顾客觉得你在笑话她见识浅薄，引起其心里的不满，影响最终销售的实现。

WHY 深度情景解析

香水被称为化妆品界的液体黄金，可以说是化妆品王国的皇冠。香水集神秘、浪漫、性感、优雅与高贵于一身，所有的女性都梦想着能找到一款凸显自己与众不同气质的香水。

每款顶级香水的背后往往都会有一个传奇故事，而香水又是一款个性化要求很高的化妆品，因此导购在引导顾客进行体验时，可以利用顾客追求个性的心理，跟顾客讲述品牌背后的传奇故事，满足顾客渴求与众不同的心理，让顾客对香水的喜爱大幅增加。

在引导顾客进行香水体验时，导购要注意以下几个方面。

（1）最好在手腕和手肘内侧进行香水体验。

（2）最好在傍晚时间进行香水体验，这时嗅觉最灵敏。

（3）在香水喷涂 10 分钟彻底发散后，能闻到最真实的味道。

（4）有汗或刚用完餐不要试用，体温和食物味道容易影响香水发散。

（5）试用的香型不要超过 3 种，避免嗅觉混乱，难以决定。

YES √ 实战强化训练 1

顾客：“这款香水的气味感觉有点儿淡，没有什么作用啊！”

导购：“是的，这款香水的气味确实比较清爽、干净，这也代表了在爱情中的纯真本质：干净、清纯、没有一丝杂质、爱得投入。这是一款代表恋爱的香水，正适合像您这样清纯的女孩子在恋爱时使用。您使用这款香水一定会收获一份甜蜜、浪漫的爱情！”

金牌技巧点拨

导购通过讲述香水给人带来的感觉，营造出一种甜蜜、浪漫的氛围，让顾客通过香水对恋爱产生一种向往，满足了顾客的渴望。

YES √ 实战强化训练 2

顾客：“气味会不会太浓了？感觉太张扬了！”

导购：“美女，这款香水刚体验时是这样的感觉，可能稍微有点儿浓，但这是纯正的玫瑰香型。一看您就具有浪漫的气质，喜欢浪漫的情感生活。这款香型正好代表了您可以为爱人无私付出，释放您由内而外的无限魅力。代表爱情的香水，一定要有自己的气味，才能持久、浓烈。您稍微等几分钟，香水散发开，气味就刚刚好了。”

金牌技巧点拨

导购从顾客的性格入手分析，抓住了顾客的利益点，并从香水使用技巧方面加以阐述，打消顾客对气味太浓的顾虑。

51 情景演练 顾客怀疑爽肤水不是纯天然的，又热又辣

NO × 错误应对示例

1. “肯定是纯天然的，您看说明书上说得也很清楚。”

高手指点 顾客其实最反感的就是让她看说明书的导购了，既然顾客在问我们，我们直接解释清楚就好了。

2. “又热又辣的感觉，说明产品有效果了！”

高手指点 说话过于敷衍和不负责任，解释得也不够全面，还是不能打消顾客的疑虑，认为是产品有问题。

3. “非常抱歉，是我没有跟您说清楚会有这种反应。”

高手指点 在这个时候道歉是没有用的，顾客仍然会觉得我们欺骗了她，使她购买了劣质产品，从而对我们产生更大的不满。

WHY 一 深度情景解析

让顾客体验化妆品的目的是将产品特征转化为对顾客具体的利益。比如，纯天然配方是产品的特征和卖点，顾客使用后的良好感觉就是顾客利益。但顾客没有感受到产品的独特性，反而产生不良感觉，当然就会对产品的品质持有怀疑态度了。

导购要想消除顾客对爽肤水是否纯天然的怀疑，可从两方面解释说明：一是利用宣传资料、产品说明书等加强对纯天然配方的证明；二是从专业的角度分析顾客会产生不良感觉的源头，化解顾客对产品中含有害成分的怀疑。在跟顾客解释的过程中，导购所表现出的自信和对产品品质的肯定也能让顾客更加信任。

YES ✓ 实战强化训练 1

导购：“您的感觉没错，确实有一些顾客在初次试用我们产品时会产生这种感觉，这是爽肤水的成分在消炎和收缩毛孔，正是产品在起作用呢！您多适应几次，这种感觉就会消失，不需要过于担心。您可以感受一下，您的皮肤现在是不是特别水润，而且特别光滑？您再对着镜子照一下，是不是看到一位皮肤红润、充满光泽的大美女啊？”

金牌技巧点拨

导购先跟顾客说明出现这种感觉是正常的，然后让顾客自己感受产品，让产品的实际效果说话，从而消除了顾客的担忧。

YES ✓ 实战强化训练 2

导购：“美女，看您也非常有经验，您是担心我们产品含有酒精成分吧？含酒精的爽肤水使用后确实会有刺激感，但酒精味也很容易就能闻出。您可以闻一下我们的产品，这是纯植物的清香，一点儿酒精的味道也没有！您看我们配方表也注明了含有薰衣草和金缕梅，这两种植物成分都有消炎和收敛皮肤毛孔的作用。现在正是换季，皮肤对外抵抗力也会降低，对护肤品相较于其他季节会变得敏感，使用后有轻微刺激属于正常，等皮肤修复后刺激感就会消失。这款爽肤水正适合换季用，您可以放心继续使用这款产品。”

金牌技巧点拨

导购首先适当恭维了顾客，然后从产品的成分和季节方面进行充分的解释说明，消除顾客对产品品质的顾虑。

52 情景演练 顾客说：“这款口红容易掉色”

NO ✕ 错误应对示例

1. “毕竟价格摆在那里，也就是这种效果了。”

高手指点 明摆着在说顾客买的是便宜货，会让顾客感觉自己被鄙视和看不起了，以致引起顾客的不满。

2. “口红都这样。”

高手指点 好像是在说顾客没见过世面，一副少见多怪的样子，顾客一定会生气地离开店铺。

3. “掉色是常见问题，您常补妆就好了。”

高手指点 顾客可能会想：这也太麻烦了吧，过一会儿就要记得补妆。这样的回答不利于达成交易。

WHY 一 深度情景解析

嘴唇是脸部最需要使用彩妆的部位之一，因此口红也就成为最重要的彩妆产品之一。大多数女性在出门的时候为了方便随时补妆，会在包里放上常用的化妆品，其中就包括口红。

几乎所有口红都存在容易掉色和不持久的通病，所以市场上大多数的口红产品都会把持久不掉色作为产品卖点，顾客也常以此作为判断口红好坏的标准。导购要消除顾客对口红容易掉色而认为口红品质劣质的错误认知，可以从口红的正确使用方式、彩妆使用时间过长对人体的危害性、配合润唇膏使用、及时补妆等方面进行说明。只要导购有一定的专业水准，顾客就有可

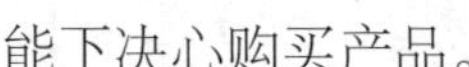

能下决心购买产品。

导购引导顾客进行口红类产品试用的技巧如下。

（1）强调产品的安全性，无重金属添加等。

（2）强调产品的长效性，不容易掉色，颜色保持得持久。

（3）强调产品的方便性，可以随时携带，补妆方便。

（4）强调产品的效果性，如产品使用后的色彩效果和光泽度。

（5）强调产品的配套性，与润唇膏配合使用能防止干裂和补充营养。

YES ✓ 实战强化训练 1

导购：“确实是这样，口红普遍存在这一问题，如果配一支润唇膏使用的话，就可以解决口红容易掉色的问题了。在上口红之前先使用润唇膏，不仅能固定口红效果，还能补充营养，避免嘴唇干裂。这种抹茶味的润唇膏不错，价格实惠，还有薄荷味、香梨味、椰子味等多种口味供您选择。您喜欢哪种味道呢？”

金牌技巧点拨

导购先为顾客提供了保持口红颜色持久的解决方法，并趁机进行关联推荐，这样既能解决顾客的问题，在关联推荐时也不至于引起顾客反感。

YES ✓ 实战强化训练 2

导购：“美女，您的感觉确实很准！这款口红的卖点主要是光泽度高、营养补充充分，确实有顾客感觉容易掉色，不持久。这款口红的自然附着时间为 3 小时，符合现代女性的使用习惯。一般情况下，女孩子差不多 2~3 小时后就会擦一次口红，比如用餐前会将口红擦掉。如果过分强调不掉色，就会造成女孩子养成在用餐前不擦口红的错误习惯，口红的化学成分会被误食，长期在体内堆积会对身体有危害。所以，我们不着重强调不掉色，而是更关注产品的安全、方便，使顾客充分感受滋润和光泽是这款口红的亮点。”

金牌技巧点拨

导购从女性使用口红的习惯说明产品如此设计的原因，然后从使用习惯延伸至解决顾客的疑惑，并再次强调口红的设计重点。

第五章

Chapter 05

应对顾客拒绝情景口才训练与实战技巧

销售口才

导购员可以说是与“拒绝”打交道的人，战胜拒绝的人，才称得上是一名推销高手。想成为一名成功的导购，你就得学会如何应对顾客的拒绝。优秀的导购能够将顾客的拒绝变成对自己有利的优势，从而最大限度地获得良好的业绩。

53 情景演练 顾客认为自己皮肤很好，不用买化妆品

NO ✕ 错误应对示例

1. “这么好的产品，您不买真是可惜了。”

高手指点 完全没有搞清楚顾客说这话的意思，只自顾自地推销产品，顾客肯定不会购买的。

2. “正是因为皮肤好才需要保养，这样才能保持这个状态啊！”

高手指点 有一种教训顾客的意味在里面，顾客不会喜欢这种对话方式的，也就别谈购买产品了。

3. “您的皮肤并不算特别好，还可以再改善。”

高手指点 这摆明了在顶撞顾客，肯定会直接得罪顾客。顾客不仅不会购买，还有可能心生不快。

WHY 深度情景解析

当顾客提出自己的皮肤很好，不需要化妆品时，这并不代表顾客的拒绝，也不是顾客真的不需要化妆品，否则她也就不会跑到化妆品店来了。导购在对待这类顾客时，首先想到的不应该是顾客的拒绝，而是应看到一个对自己皮肤无比满意的女人，以及她背后潜在的成交机会。

这类顾客不需要导购对她说一些皮肤的基本保养常识，她们需要的是导购看到她们完美的皮肤，并给出赞美：“是啊，您的皮肤确实非常好！”这才是她们说出这句话的目的。再接下来，导购只要说“正是因为您的皮肤这么好，才更需要加倍珍惜啊”，就能打动顾客的心。这才是对待这类顾客的正确方式，如果一开始就跟顾客争辩，或者以一种教训的语气跟顾客说话，顾客只会生气地离开。

对待顾客“我不需要化妆品”的说法，导购可以按照以下方法来引导顾客：

第五 向顾客推荐合适的产品，趁机促成交易

第四 可以适当纠正顾客错误的保养观念，但要简短

第三 强调环境和生活方式会损害皮肤，保养要从现在开始

第二 强调岁月的影响，青春才更需要保养

第一 先赞美顾客拥有的好皮肤

实战强化训练 1

导购：“是啊，我们都很羡慕您的皮肤呢！不过护肤品最大的功效不是遮蔽皮肤的瑕疵，而是延长皮肤健康的时间。现在空气污染严重、紫外线、灰尘、使用电脑时间过长、工作繁忙和没有规律的生活方式都会损害皮肤。从现在开始保养，正是为了让您能持久拥有这么好的皮肤。您已经拥有了这么好的皮肤，更应该好好珍惜。”

金牌技巧点拨

导购首先对顾客的话给予了肯定，然后通过强调环境和无规律的生活方式会损害皮肤，建议顾客要从现在开始保养，这样顾客很容易接受导购的推荐。

实战强化训练 2

导购：“美女，您现在正值青春年华，皮肤好，不怎么保养也没什么问题，但您一定听过‘岁月是女人最大的敌人’。我年轻的时候皮肤就不错，感到很骄傲，就没有好好保养；上了年纪，就发现自己比会保养的人要老得快，很后悔。现在我自己卖化妆品，还要定时到美容院做护理，就是为了追回青春的尾巴。趁着您现在正年轻，越早保养，就越能拥有长久的青春岁月，不会像我一样，现在再来后悔。您不是不需要化妆品，而是要谨慎挑选合适的化妆品，对皮肤进行精心的保养。我帮您挑选几款纯植物配方的产品，您试试看吧！”

金牌技巧点拨

导购通过“危机制造法”来纠正顾客错误的保养观念，以自己的亲身经历为例，对顾客来说更有说服力，最后向顾客推荐合适的产品，并适时促成交易。

54 情景演练 顾客说："我从来不用面膜"

NO ✕ 错误应对示例

1. "使用面膜会让您的皮肤变得更好。"

高手指点 使用精华、乳液、面霜也有同样的效果，不一定要使用面膜，没有说出面膜独特的优势。

2. "面膜其实一天花不了几块钱，还是很合适的。"

高手指点 如果没有了解到顾客拒绝我们的真正原因，这样回复顾客很容易引起顾客的反感。

WHY 一 深度情景解析

针对这类顾客，第一步要做的就是激发她们的兴趣，从现在不用到需要这个产品，顾客关注的永远是自己能得到什么好处。就像乔布斯所说："消费者并不知道自己需要什么，直到我们拿出自己的产品，他们就会发现，这是我要的东西。"只要导购讲出的优势能打动顾客的心，顾客自然能为美丽打开她的钱包。

在顾客尚未清楚地认识到产品的疗效和好处之前，她说不用是不愿贸然购买而被人看作是傻瓜，而最初"不"的含意是：对我多讲一些，给我更多的购买理由，好让我有充分的理由放心购买。在这种情况下，顾客缺少的不是导购苦口婆心的劝说，而是诚心诚意的帮助。导购应该向顾客伸出援助之手，帮助顾客充分认识到产品的价值，并不断将产品值得购买的信息传递给顾客，从而使其下定决心去购买。

YES ✓ 实战强化训练 1

顾客："我不用面膜，平时用精华、水乳、面霜等这些基本护肤品就可以了。"

导购："我可以理解您的想法，很多顾客在之前也是这样想的，但听了我们的介绍之后都改变了主意，觉得使用面膜是非常必要的。其实每款产品都有自己在某个方面的优势，比如，面膜比其他的护肤品更能深入肌肤，和护肤品配合使用效果更好。长期使用面膜能使肌肤的水润度保持在最佳状态，保持肌肤水油平衡，也更有利于肌肤吸收具有美白、提拉紧致、抗老化作用的营养液成分。而且长期使用面膜能够建立肌肤的保护屏障，调理肌肤状态，抵御过敏和外界损伤。我可以帮您免费做一次，您试试效果，再考虑买不买，这样可以吗？”

金牌技巧点拨

导购通过其他顾客的相似案例来消除顾客的抵触心理，然后直接介绍了面膜的各项优势，让顾客对面膜的作用有了深入的了解，并适时向顾客提出试用请求。

YES √ 实战强化训练 2

顾客：“我不用面膜，觉得它没什么大作用。”

导购：“您的皮肤看起来确实非常不错，但您也知道，随着咱们年龄的增长，好的肌肤肯定离不开良好的保养。您觉得面膜没有什么作用，可能是很多原因导致的。因为在不同的皮肤状态下，我们需要的面膜不一样，敷面膜的手法也对效果影响很大。您可以到这边坐下，我给您试用一片我们的面膜，您再感受一下效果是不是有什么不一样。我们这款面膜经过专家们精心的研究，结合现代女性的肤质，会对皮肤进行完美的调节与滋补，敷完后您的肌肤肯定会变得更好、更水润光滑。”

金牌技巧点拨

顾客可能是因为之前用的面膜没有效果导致对面膜失去信心，因此导购就从面膜的使用方法和按摩技巧方面进行突破，并提出试用请求，让顾客对面膜的效果重拾信心。

55 情景演练 顾客认为化妆品太贵，买不起

NO × 错误应对示例

1. “怎么可能呢，一看您就是有钱人的样子。”

高手指点

除非我们真的能通过观察了解到顾客是有钱还是没钱，否则这么说会引起顾客不满，尤其是对于经济实力一般的顾客来说类似这种话语，含有讽刺意味。

2. “那您觉得多少钱合适呢？”

高手指点 给顾客一种可以讨价还价的感觉，过早地陷入价格争论，并不会对销售有什么积极的影响。

3. “我们是国际顶级品牌，这已经是其中最便宜的了。”

高手指点 这句话太不尊重顾客了，有藐视、看不起顾客的意思，顾客不但会生气，也会对我们整个美容店的印象大打折扣。

WHY 一 深度情景解析

顾客说这句话完全是在拒绝导购的推销，希望摆脱导购带给她的推销压力。但如果仔细分析一下就可以了解到，顾客其实并没有否认产品的功效和价值，只是告诉导购她买不起，这并不代表她们要放弃购买，而是为自己争取更有利的空间。

最顶尖的国际品牌在中国都有庞大的销量。一个优秀的导购不会因为顾客说买不起就怀疑顾客的消费能力，看不起顾客，她仍然会一如既往地为顾客提供专业和用心的服务。在说服技巧上，可以适当利用对比法、分摊法来达到降低高价位的感觉。如果我们能用诚意和技巧打动顾客，顾客一定会在我们的销售额上添上美丽的一笔。

对于说“太贵，买不起”的这类顾客，导购可通过以下方式来解决：

解决方式

- 对比式：将购买化妆品的费用与到美容院美容及美容手术的费用进行对比
- 举证式：通过顾客手机、饰物、着装、打扮及品位来证明顾客的购买力
- 幽默式：通过轻松、幽默的方式，避开直接回答问题，直接促成交易
- 拆分式：将化妆品整体费用拆分到每月、每周、每天上，让顾客觉得花费并不多

YES √ 实战强化训练 1

导购：“美女，化妆品不算贵，真正贵的是您的青春。您想想，如果等皮肤有了皱纹的时候再想恢复皮肤状态，需要花多少钱呢？您正处在花样年华，不趁现在对自己的皮肤好一点儿，还要等到什么时候呢？买化妆品就是对自己的美丽投资，而投资肯定会有回报的。当您 30 岁的时候看起来像 20 岁，50 岁的时候看起来像 30 岁，您就觉得前期的投资并不是没有意义的。”

金牌技巧点拨

导购把化妆品的价格跟顾客的青春做对比，孰重孰轻很明显，而女性往往对自己的美丽和年龄格外关注，这也正好说到了顾客的心里。顾客在高价与青春之间，必然倾向于能永葆青春。

YES √ 实战强化训练 2

导购：“美女，这要看您怎么理解了。如果对皮肤没有作用，就算是花几块钱也觉得贵；如果能帮您获得更滋润、更有弹性的皮肤，再贵也是值得的！您可以算一下，这瓶面霜 300 元，至少可以使用 3~5 个月，一天不到 3 元钱。而您到美容院做个护理，基本护理就要上百元。您买一瓶产品才等于花一次美容护理的钱，您觉得贵吗？而且女人把钱花在对自己的打扮上是天经地义的啊！有什么舍不得呢？”

金牌技巧点拨

导购通过使用“对比法”和“拆分法”，让顾客觉得买化妆品是花费最少、最经济的方法，以此消除顾客顾虑，让顾客下定决心购买化妆品。

56 情景演练 顾客说：“我已经有一套相似的化妆品了”

NO ✕ 错误应对示例

1. “反正化妆品也是每天都要用的，您多买一套备着呗！”

高手指点

让顾客购买的理由也太过于牵强了，没有站在顾客的角度考虑问题，或许顾客并不是喜欢囤货的方式，只是有需要时才会购买，这话改变不了顾客的最初想法。

2. “您之前用的那个品牌不如我们的好！”

高手指点

直接贬低顾客之前的品牌，也就是说顾客之前的选择错了，但是如果顾客对自己使用的产品很满意，这会引起顾客的反感，是非常错误的做法。

3. “那您看看别的产品吧！口红有新款，您要了解一下吗？”

高手指点

随意转移顾客的视线，只会降低顾客继续了解的兴趣，对销售其实没有任何帮助。

WHY 深度情景解析

如果导购向顾客推荐化妆品时，顾客已经有了类似的产品，那么基本上再怎么向顾客推荐，顾客也不会购买的。因此，为了避免推荐同类的产品，导购要先了解清楚顾客的兴趣，再进行差异化的推荐。如果在推销过程中顾客突然提出已经有类似产品了，这多半是顾客觉得购买同种类型的产品不值。

如果顾客对导购推荐的产品仍有一定程度的兴趣和认可，那么产品之间的差异就是成交的关键。导购应在不贬低顾客所用品牌的前提下，强调推荐品牌的对比优势，并强化顾客体验到的新感觉，将其转化为购买理由。不到最后，千万不要轻易更换向顾客推荐的产品。

对于顾客说“已经有一套相似化妆品”的情况，导购可以利用以下技巧来留住顾客。

留客技巧

- 跟顾客说明品牌间的差异化优势，以此取胜
- 说明化妆品更换理由：“衣服需换季，化妆品也需要换季”
- 介绍化妆品选用的原则：“没有最好，只有更好”
- 给顾客提供安全感：“化妆品是消耗品，多一套不浪费”
- 随时跟进：“请您留下联系方式，有活动会提醒您到店选购”

YES √ 实战强化训练 1

导购：“美女，您现在使用的品牌确实很不错，看得出来您非常注重皮肤保养，那您肯定了解使用化妆品的原则是‘没有最好，只有更好’。我们品牌在美白和抗皱方面有更好的表现，况且这类护理产品每天都要使用，消耗量也比较大，您现在使用的产品很快也会用完，您这次买了，等原来产品用完后刚好更换使用，也省得您再跑一次了。”

金牌技巧点拨

导购首先跟顾客介绍了化妆品的选用原则，然后通过提出品牌之间的差异化，突出本品牌产品的优势来吸引顾客。

YES √ 实战强化训练 2

导购：“您使用的产品确实物美价廉，很受欢迎，在国产品牌中可以说是很不错的。不过化妆品其实跟牙膏、牙刷一样需要定期更换，不断给皮肤增添新元素，才能使青春更加持久。而我们是国际品牌，有更好的服务、更新的配方和更好的品质，价格也不太贵。请您相信我，我给您推荐的产品肯定不会错！”

金牌技巧点拨

导购先对顾客使用的产品给予了肯定，让顾客对导购产生了一定的好感，然后通过陈述化妆品要定期更换的理由，过渡到对自己产品的介绍上，将自己品牌的产品的优势着重突显，激发顾客的购买欲望。

57 情景演练 顾客觉得现在用的品牌很好，不想换牌子

NO × 错误应对示例

1. “我觉得您可以试一试我们的品牌，效果真是不错的。”

高手指点 这并不足以成为顾客非买不可的理由，要想让顾客购买，就要说出具体的、不同于其他品牌优势。

2. “没有没有，您想多了，我没有要强迫您换品牌。”

高手指点 虽然有助于缓解当时尴尬的气氛，但不利于导购之后的推销，会让销售难以继续下去。

3. “您现在用的品牌不错，但价格上不如我们的合适。”

高手指点 虽然导购说出了产品的差异化优势，但还是要看顾客对价格的敏感程度。

WHY 一 深度情景解析

这类顾客的品牌忠诚度很高，对使用的品牌非常偏爱。但如果导购能成功说服她们接受产品推荐，让她们感受到新品牌带来的不同以往的感觉，那么她们也必将成为新品牌的长期支持者。

导购在面对这类顾客时，一定要对顾客正在使用的品牌予以肯定，只有这样双方的对话才能进行。接下来，要想说服顾客更换品牌，就要给顾客一个充分的理由，证明自己品牌的独特之处以及能给顾客带来的切身利益。

要想成功说服顾客更换品牌，导购可以运用以下技巧。

您不用担心，如果您感觉不合适，我不会勉强您购买的

只有主料，没有辅料，也做不出美味佳肴，您说是吧？

说服技巧

投石问路

双效法

没关系，您可以先买一瓶试试，等感觉到效果后再继续回购

我们产品再搭配您现有的品牌，会有双重保养效果

YES √ 实战强化训练 1

导购：“您选择品牌的眼光真不错，和我们一样都是韩国进口品牌，档次也都差不多。因此，使用我们品牌也不会让您失望。您现在使用的品牌主要是以美白为主，而我们的品牌是以补水为主，这两个品牌一起使用的话正好可以互补，效果会更好，绝对会让您的皮肤更光滑白皙。”

金牌技巧点拨

导购利用“双效法”强调了产品的互补性，既没让顾客放弃现有的品牌，又介绍出了自己品牌的优势，以这样的方式进行推销，顾客更容易接受。

YES ✓ 实战强化训练 2

导购：“像您这样相貌出众的女孩，挑选的品牌自然也很出众，如果我不是对我们品牌绝对有信心，也不敢给您推荐。从品牌上来说，我们是国际一流品牌，知名度不用我说，绝对让您在面子上高人一等。从使用效果来说，我给您推荐的产品采用的是最新科技配方，在补水效果上有绝对优势。正是因为我们相信我们品牌的品质和很多人使用后给我们的反馈，我才如此有信心向您推荐，相信您会做出正确的选择。”

金牌技巧点拨

导购首先从品牌力上说服对方，然后向顾客强调了产品相较于同类品牌的绝对优势，让顾客对产品有了一定的信心。

58 情景演练 顾客觉得化妆品用起来太麻烦，浪费时间

NO ✗ 错误应对示例

1. “您认为漂亮和麻烦哪个更重要呢？”

高手指点 这有一种把顾客当成小孩子在问话的意思，导购应该做的是考虑如何消除顾客的不良感觉。

2. “化妆的步骤就是这样的啊，这是必需的！”

高手指点 这回答太消极了，也没有从根本上解决顾客的问题，顾客肯定不会购买。

3. “每天只要早起 10 分钟，就能轻松搞定了！”

高手指点 回答听起来更像是广告词，不像是在解答顾客的问题，也没有更好地解决顾客的问题，顾客不会喜欢这种回答方式。

深度情景解析

女性在购买化妆品时往往会把便利性作为购买决策的一项重点考虑因素，追求便利也是现代人压力大、追求快节奏的一个特征。女性的心理有时是矛盾的，她们一方面为了让自己变得更美丽可以不计成本，另一方面又会觉得使用化妆品过程太麻烦了。应对顾客的这类拒绝，首先要表示出对顾客“求便”心理的认同，再对顾客决策因素的重要性进行重新排序。

如果顾客觉得效果更重要，更看重的是产品价值，那导购就应向顾客说明，花些时间获得好的效果是划算的。如果顾客觉得便利性也很重要，就通过对比法从心理上消除顾客觉得使用麻烦、浪费时间的不良感觉。另外，也可以告诉顾客，在家中使用化妆品的同时可以听听音乐，舒缓一下压力，顾客感受到我们的细心和关怀，交易将更容易进行。

导购在解除顾客“化妆品用起来太麻烦，浪费时间”的异议时，可以利用以下技巧。

01 **认同顾客**
可以理解，现在的生活节奏确实比较快，什么都想更快些

02 **重要性排序**
您觉得产品效果和多花几分钟时间哪个更重要呢

03 **向顾客解释**
如果还有更好的选择，我一定会推荐给您的

04 **适当刺激顾客**
您现在害怕小麻烦，以后可能在护理过程中更耗费时间和精力

05 **提出建议**
您在化妆时放点儿轻松、舒缓的音乐，身心放松，有更好的效果

YES √ 实战强化训练 1

导购：“美女，用小的麻烦来避免大的麻烦是很划算的！用化妆品有点儿麻烦也是小麻烦，但不使用化妆品，不保养，等皮肤问题越来越多了就是大麻烦了。如果用我们的全套产品进行护理和保养，一次大概需要 20 分钟，每次花费不到 15 元；如果到美容院做一样的护理，时间至少 1 个小时，每次花费差不多在 100 元以上。哪个更划算一些，您心里可以权衡一下。真要比较的话，使用我们的套装更省时、

省力、省钱。”

金牌技巧点拨

导购在一开始就给顾客一定的刺激，让顾客了解到保养皮肤的紧迫性，然后运用“对比法”来彻底解决顾客的问题。

YES ✓ 实战强化训练 2

导购：“看来您的工作比较繁忙，生活节奏快，时间很宝贵。如果其他产品有同样的使用效果，能更节省时间的话，我肯定会优先向您推荐的。大部分的顾客在时间和效果的选择上会偏向于效果，只要效果好，即使花点儿时间也能接受，这是很明智的选择，我相信您也一样。其实和其他品牌的同类产品相比，这款产品并不需要花费很多时间。像您这样的事业型女性，化妆肯定是日常所必需的。上妆和卸妆是为了保养皮肤，使其不受空气、紫外线、电脑辐射和灰尘的侵害。我们这套产品可以保护您的皮肤并补充必要的水分和营养，是一个非常合理的选择。毕竟，用几分钟给予您更健康的皮肤，相信您也会觉得开心的。”

金牌技巧点拨

导购向顾客解释了推荐产品的原因，并指出化妆的重要性，在心理上消除了顾客觉得使用麻烦的不良感觉。

59 情景演练 顾客说：“这个品牌是靠广告打出来的吧”

NO ✗ 错误应对示例

1. “广告打得多，才说明知名度高啊！”

高手指点 确实没错，但知名度高并不代表产品的品质一定好，产品品质才是顾客更关心的。

2. “现在有哪个品牌不打广告呢？”

高手指点 这是在辩解，而不是在说服顾客，并没有对销售起任何帮助作用，还会让顾客更不信任自己的品牌。

3. “广告打得好，您用起来也有面子啊！”

高手指点 对顾客的效果不大，因为顾客并不是特别容易冲动购买的类型，还是要从品质功效上着手。

WHY 深度情景解析

广告对化妆品行业来说肯定是必不可少的，特别是对于新品牌和新产品来说，好的广告有助于品牌快速打开市场，改变产品无人知晓的局面。但过多的广告投入势必会使产品成本上升，企业为保证生存，势必会使顾客被迫承担因过高广告费投入而引起的产品单价的上升，这种行为是消费者反感至极的，她们希望自己购买的产品是不掺水分的。

如果详细向顾客解释品牌打广告的费用以及广告费用在整体营销费用中的比重肯定是不合适的。导购要跟顾客简单说明，广告是化妆品营销所必需的手段，强调应该重点关注产品的品质和功效，要特别说明广告再好也不如产品好，这样才能转移顾客的注意力，让顾客不再对广告费用感到疑惑。

让顾客对广告不特别排斥的技巧如下。

如果品牌连广告都没有，才更让人不放心呢

广告好也不如产品好

广告是现代企业最基本的营销手段

广告让优秀的产品卖得快，让不好的产品被淘汰

YES 实战强化训练 1

导购：“美女，其实我觉得做广告还是有一定好处的。如果您看不见我们的广告，可能连我们的品牌都不知道，更别说走进我们店里了，您现在能站在这里还要感谢广告呢！不过，广告好也比不上产品好，广告所做的就是让您知道我们，要使您购买产品的关键还是要看我们产品的品质和功效。您放心，只有

您对我们产品的品质表示满意，确信我们产品对您的皮肤有所改善之后，我们才会让您买单。”

金牌技巧点拨

导购并没有直接向顾客解释广告费用的高低，而是将顾客思路引导到对产品品质和功效的关心上，转移顾客的注意力。

YES ✓ 实战强化训练 2

导购：“让您了解到我们的品牌的存在确实需要依靠广告，但让您做出决定的，还是品质和口碑！我们品牌已经有十几年了，在国产品牌中绝对是佼佼者，您完全可以信任我们的品质和口碑。广告是品牌推广的营销手段，也是品牌信誉和实力的保障，广告多了，了解的人也就多了，我们对自己的产品的品质要求就更高；如果您去买没有广告的化妆品也不放心啊！我们打广告也只是对品牌形象进行维护，费用跟国际品牌数亿的广告投入比不了。我们的产品定位是品牌大众化，品质高端化，服务人性化，价格平民化，选择我们绝对没错。”

金牌技巧点拨

导购从品牌本身的生命力来加强顾客的购买信心，并拿自己的品牌广告费用跟国际品牌的广告费用进行对比，让顾客在心理上更容易接受。

60 情景演练 顾客说：“你们是在自卖自夸，我不太相信”

NO ✗ 错误应对示例

1. “好吧，您要是不信，我也没有办法。”

高手指点 这等于直接放弃了顾客，致使销售中断。这不是一个优秀的导购该有的职业素养。

2. “不可能的，用了我们产品的都说效果很好。”

高手指点 这并不会让顾客对品牌的信任感增加多少，没有真实案例，可信度不高，回答过于无力，同时导购没有足够的真诚感。

3.“产品这么好您都不相信啊，您要是不买肯定会后悔的！”

高手指点 这种激将法不一定会达到想要的结果，反而有可能激怒顾客，引起顾客的不满。

WHY 一 深度情景解析

对于化妆品这类产品来说，顾客购买它无疑是为了让自己的皮肤变得更好，因此顾客非常注重产品效果。如果顾客提出对效果的质疑，原因无非两点：一是导购在介绍产品时太过于夸张了，夸大了产品的效果；二是顾客想到了以前用的无效产品，想起了被其他违反职业道德的店铺或导购欺骗的经历。

如果是导购本身的言语问题，就要先向顾客真诚道歉，然后以实际行动来获取顾客谅解，重新获得顾客对导购的信任；如果是顾客之前的负面体验导致的，导购要体谅顾客的感受，让顾客把怒气发泄出来，适当扮演一下出气筒也无妨。

在处理顾客对产品的不信任时，导购可以利用以下说话技巧进行引导。

请问您之前是在其他店有过什么不好的体验吗？

我要是说我们产品不好，您更会觉得我们产品有问题了

我不说话了，直接给您看看产品效果，让产品自己说话

您说的那种名不副实的产品，我们肯定不卖，这会抹黑我们的品牌形象

YES √ 实战强化训练 1

导购：“美女，您是之前在别的店有过不太愉快的购买体验吗？如果是，您在我们店就不必有这个担心了。我们店铺已经经营 10 多年了，坊间口碑都非常不错，销售的也是一些基础美容护肤品，绝对经得起市场验证，要不然也不能存在 10 多年。至于那些夸大其词的产品我们肯定不会卖的。您对这款面霜哪里不放心可以提出来，我为您详细解释。等您对产品有了充分信心以后，再做决定也不迟。”

金牌技巧点拨

导购首先从自己常年经营化妆品店得到的好评和认同上让顾客放下戒心，然后以肯定的语气说出绝对不卖夸大其词的产品，让顾客放心能信任产品的品质，最后导购用温和的语气营造一个轻松的氛围，增强了顾客的安全感。

YES ✓ 实战强化训练 2

导购：“美女，如果我销售自己的品牌，却说自己品牌不好，您可能会觉得我们的产品更有问题吧！我跟您讲了这么多，只是太想向您证明我们的品牌确实不错了，我觉得它真的很适合您各方面要求。也许我着急了，介绍得不好，让您对我们产品有什么误会了，我向您道歉，但我们产品真的不错，您可以试用一下，感受一下效果后再作答复，好吗？”

金牌技巧点拨

导购以真诚的语气向顾客解释了“自卖自夸”的原因，并向顾客诚恳道歉，然后建议顾客试用产品，询问其试用感受，只要顾客一开口说话，成交的把握就很大了。

61 情景演练 顾客对国产品牌不感兴趣

NO ✗ 错误应对示例

1. “买国内品牌的人很多啊，而且效果也不错。”

高手指点 没有抓住顾客内心的真实需求，只从表面上回答了顾客的问题，不会让顾客对品牌有所改观，成交的可能性不大。

2. “其实很多国际进口品牌也是在国内完成生产的。”

高手指点 即使说的是事实，也很容易引起对方的不满，认为我们在有意诋毁其他品牌，捧高自己的品牌，顾客可能会与我们为此产生争辩。

3. “那我给您介绍几款进口品牌吧，您喜欢日韩品牌还是欧美品牌呢？”

高手指点 好像满足了顾客的要求，但容易形成迁就顾客的习惯，对销售也可能产生不利的影响。

WHY 一 深度情景解析

有相当一部分顾客有着可观的经济收入，追求潮流与时尚，对出自发达国家的有口皆碑的化妆品品牌的品质信任度很高，使她们在购买化妆品时非进口品牌不选。先不说这是不是顾客的消费误区，也不跟顾客争辩进口品牌与国产品牌到底哪个品质更好，就从顾客的这种心理来说，无疑对国产品牌的销售造成了一定的阻碍。

从好的方面来看，这类顾客有较强的消费能力，对皮肤的保养也非常关注。遇到这种情况，导购不要着急反驳顾客，首先要尊重对方，认可对方追求进口品牌的行为，利用她们想解决皮肤问题的心态，通过自己的专业知识让对方信服国产品牌的安全可靠，以达到改变顾客想法的目的。

对于顾客“国产品牌不如进口品牌化妆品”的偏见，导购可以利用以下说话技巧来引导顾客。

引导话术

- 您不妨支持一下国产品牌，一定会有意料之外的惊喜
- 中国人的皮肤适合什么样的产品，中国人自己最清楚了
- 选化妆品的原则是：只选对的，不选贵的
- 鞋子合不合脚，脚知道；化妆品合不合适，脸知道

YES √ 实战强化训练 1

导购：“我理解很多消费能力比较高的顾客都偏向于国际品牌，这是一种生活方式和习惯。就说早餐，西方人是牛奶和面包，中国人是豆浆和油条，很难说哪种更健康、更营养。我们可以分析一下，中国人和欧美人无论在体形、体质、皮肤状况及生活方式上都有明显差别。中国人的皮肤更细腻、含水量高。

从这个角度看，国内品牌显然更符合我们的生活习惯，而且皮肤质量和环境、饮食、生活方式紧密相关，谁更合适，皮肤才知道。我可以用进口品牌和我们品牌给您做一个手部对比，哪个吸收更好，您一看就知道了。”

金牌技巧点拨

导购首先对顾客进行了巧妙的恭维，然后举出中西方早餐差异的例子自然引出对国内外化妆品品牌的对比，通过比较两者之间的差异，肯定国内品牌的独特优势，在介绍过程中导购对自己的品牌拥有强烈的自信。

YES ✓ 实战强化训练 2

导购：“美女，我可以理解您想让皮肤获得更好保养的心情。我们店也有很多进口品牌，价格高，我们销售利润也大，我完全可以向您推荐您更容易接受的进口品牌，这样我也能挣得更多销售提成。但我的专业知识和职业道德告诉我，选择化妆品要慎重，不能只看品牌和价格，还要看效果和适应性。很多优秀的国产品牌更适合中国人的皮肤，吸收快、过敏性低，还有很多其他优势。正确的化妆品消费观念应该是只选对的，不选贵的，您觉得呢？”

金牌技巧点拨

导购首先对顾客的想法表示理解，然后从产品适用性的角度出发，向顾客介绍国产品牌的好处，最后强调化妆品选择的原则，让顾客对国产品牌重拾信心。

62 情景演练 顾客觉得进口品牌不适合中国人皮肤

NO ✗ 错误应对示例

1. “您说的可能是其他的进口品牌，我们品牌肯定不是这样的。”

高手指点 把“脏水”泼到其他品牌身上，顾客也不会轻易相信我们的话，这种回答没有任何价值可言。

2. “您先买一支试试有没有效果吧！”

高手指点 我们先对自己的产品没有信心了，怎么还能奢望卖出去呢？而且一支往往也试不出什么效果。

3. “我们品牌已经专门针对中国人的肤质重新研发改良了。”

高手指点 虽然已经解决了顾客一半的问题，但还需要仔细向顾客说明能给顾客带来的利益。

WHY 一 深度情景解析

提出这类异议的顾客，往往存在以下几种情况：一是部分囊中羞涩的顾客想借此摆脱她们买不起的尴尬局面；二是有部分顾客购买使用进口化妆品曾有过不好的体验，从而对产品产生排斥感；三是已经养成了使用国产品牌的习惯，抗拒做出改变。

对于第一种顾客，导购要充分照顾到顾客的自尊；对于第二种顾客，导购要详细了解顾客的使用经验，找到根源所在；对于第三种顾客，导购要与顾客细致沟通，让顾客接受你的开导之后再慢慢进行改变。但无论是哪一种顾客，她们的最终目标无非是追求更高的生活品质，让自己变得更美丽动人。如果进口品牌能实现这一点，她们也没有拒绝的理由。

对于顾客“进口品牌不适合中国人”的片面想法，导购可以利用以下说话技巧进行说明。

回复技巧

- 我们是进口品牌，虽然价格稍微贵些，但产品性价比很高
- 您放心，我们的配方是针对中国人皮肤改良过的
- 拥有我们品牌的产品，可是很多女孩子的梦想
- 没有最好的化妆品，只有更好
- 体验一下我们的品牌，您一定会有很惊喜

YES ✓ 实战强化训练 1

导购：“变得美丽、自信一向是女孩子的追求，而拥有我们品牌的产品也是很多女孩子一直以来的梦想。即使是一瓶小小的香水，也可以让您感受到我们品

牌的独特魅力，从此拥有非凡自信。您就先从香水选起，不用担心过敏的问题，花费也不多，等您感受到我们品牌带给您的价值，您就会完全接受我们品牌了。”

金牌技巧点拨

导购首先向顾客说明了拥有该品牌的产品是很多女性都引以为傲的，然后推荐顾客先从香水开始选起，一步步引导出顾客的购买需求。

YES ✓ 实战强化训练 2

导购：“我理解您的想法，其实您并不是排斥进口品牌，也并不担心产品价格昂贵，而是担心产品不适合中国人的皮肤，害怕使用效果不好，是吗？如果能有效解决您担心的问题，您还是会接受进口品牌的吧？”

金牌技巧点拨

导购直接把顾客的拒绝转化为了可以处理的方式，只要顾客之后回答“是”，那导购就可以针对性地进行推销了。

63 情景演练 顾客说：“我时间不够了，我先走了”

NO ✗ 错误应对示例

1. “再待几分钟不行吗？”

高手指点 顾客可能真的有急事，一分钟都等不了了。这么问顾客，只会让人觉得我们太没有礼貌了。

2. “都帮您包装好了，您付下款马上就能走。”

高手指点 好像有一种强迫顾客付款的意思，顾客不但不会购买，而且可能会加快离开的步伐。

3. “好的，那您慢走。”

高手指点 没有说出任何挽留的话，等于直接放弃了这位顾客，这并不是一个优秀导购应该做的。

WHY 一 深度情景解析

既然是销售，必然经常遭到顾客的拒绝。顾客在拒绝时往往会找一些借口，如“我今天时间不够”“没空，下次吧”等。但是她们已经在店里逛了一大圈，产品也已经选好了，产品体验也做了，到了该付款的时候就说没时间了，导购也难免会对这种情况感到诧异。

就这一情况来说，更多的可能性不是顾客真有急事，而是导购的一些行为冒犯了顾客，顾客又很想摆脱导购纠缠，所以想找理由离开。如果导购不能及时察觉到自己的行为失当，很可能流失顾客。对于这种情况，我们要及时询问顾客着急离开的真正原因，检讨过失。用坦诚的态度让顾客愿意把原因告诉我们，我们才有机会反败为胜。

导购遇到顾客说“时间不够了，先走了”时，可以采用以下应对技巧。

确认顾客是不是真的着急：“能再给我1分钟时间吗？”

对顾客的着急做出回应：“既然您这么着急，我直接给您推荐最适合您的产品。”

应对技巧

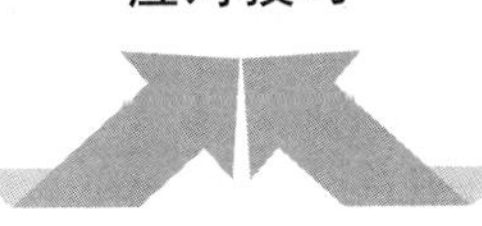

强调出关键理由：“产品真的非常适合您，即使有急事也不影响您做出决定。”

利用顾客着急的心理促成交易：“开单只要1分钟，不影响您赶时间的。”

YES √ 实战强化训练 1

导购：“美女，看您刚刚挑得好好的，不像是特别着急的样子，现在突然要离开，是不是您对我的服务或介绍不太满意？没关系，您可以提出来，我一定积极改正。帮您选到满意的产品是我的职责，买不买还是您说了算。但在我看来，这款产品真的很适合您。您即使有急事，开单1分钟就够了，既不影响您赶时间，又能使您不至于错过适合自己的产品。”

金牌技巧点拨

导购坦诚地了解顾客离开的真正原因，然后向顾客强调了购买这款产品的关键理由，并向顾客提出了开单的请求。

YES √ 实战强化训练 2

导购：“再请您留 2、3 分钟可以吗？我长话短说，您看怎么样？”

顾客：“好吧，就 3 分钟。”

导购：“谢谢您，既然您时间着急，我就不多说了。这款 BB 霜的效果您也体验过了，挺满意的，价格也很合理，而且方便携带，使用上也不麻烦。您也花了这么长时间挑选了，如果不做出决定的话也很可惜。您相信我，这款产品真的很棒，我马上为您开单，保证很快，不会耽误您的时间。”

金牌技巧点拨

导购向顾客提出再留几分钟的要求，只要不是特别急，大多数顾客都会多留几分钟的，在顾客留下来之后继续用肯定的语气增强顾客对其挑选的产品的信心，给出促使顾客马上决定的关键理由，然后促成交易。

64 情景演练 顾客说：“我的钱不够，下次再买吧”

NO × 错误应对示例

1. “好的，那我先给您留着，您下次再来。”

高手指点 顾客说这话完全是在找借口离开，如果轻易地让顾客离去，下次成交的可能性微乎其微。

2. “这款产品是限量的，您下次来不一定还有。”

高手指点 导购在前面没有任何软铺垫，顾客可能从考虑演变成直接拒绝，不再购买该产品。

3. “您怎么可能连这点儿钱都没带呢？”

高手指点 这句话实际上冒犯了顾客，而且导购自己都有点儿气急败坏了，这完全是对销售起反作用的一句话。

WHY 深度情景解析

对于顾客的这类问题，导购往往会手足无措。如果顾客真的钱不够了，即使给顾客再大的压力，对方也不能购买；如果只是顾客的借口，导购不断跟顾客纠缠也很容易使成交过程陷入僵局。

要想避开这个陷阱，导购可以在心理上提醒自己，这只是顾客的借口，当作没有听见顾客的话，以比较轻松、幽默的方式坚持成交。如果无法再让步，即使让步也要在保证成交的前提下，先买基础的产品，之后再买其他产品。不要寄希望于下一次，成交的最好机会就是现在。

面对顾客“钱不够了，下次再买”的拒绝时，导购可以通过以下四种方式灵活应对。

YES 实战强化训练 1

导购：“没关系的，美女，这种情况难免会遇到。不过您要是再跑一趟的话就太麻烦了，我们店可以提供送货上门服务，我先为您开好单，我们会在 24 小时内安排人上门送货，您把货款交给我们送货同事就可以了，这样您也方便。您在这里登记一下姓名、电话和收货地址就可以了。”

金牌技巧点拨

导购首先对顾客的情况表示体谅，然后以不麻烦顾客为由，告知顾客店铺可以提供送货服务，让顾客无法拒绝自己。

YES √ 实战强化训练 2

导购：“非常理解，我买东西也总是忘记带钱。不过眼看快下班了，您现在回家跑一趟时间也来不及，而且太麻烦了。这款洗面乳和润肤水是基础的护理用品，每天都要用的，您可以先带上；隔离霜和精华液可以稍后再使用，您明天或者周末什么时候有空再来拿也可以，我先帮您留着。这样既解决了您的现金不够问题，也能让您马上体验到我们产品功效。”

金牌技巧点拨

对于顾客确实没有带够钱的这一情况，要先表示对顾客的理解，拉近与顾客的距离，然后通过做出一些产品购买量的让步，尽量成交订单。

65 情景演练 顾客不相信关于无效退款的声明

NO × 错误应对示例

1. “肯定是真的，您看这都是顾客的退货单。”

高手指点 顾客可能相信我们说的无效退款是真的，但既然这么多顾客都退货了，她还有什么购买的理由呢？

2. “如果您不相信我说的话，您可以不买！”

高手指点 等于直接放弃这类有可能成交的顾客，没有给顾客任何实质性的解释，很容易丢失顾客。

3. “厂家都是这么承诺的，您有什么不放心的呢？”

高手指点 厂家的承诺并不代表我们的承诺，顾客可能会想，万一出了问题，难道找厂家吗？

深度情景解析

有些功效性的化妆品为了刺激销售，往往会提出使用无效退款的承诺，并把这种承诺作为销售的卖点。当顾客对这一承诺提出质疑时，恰恰说明了顾客对产品有很大的兴趣，有很大的购买可能性。如果顾客能从导购这里得到非常肯定的答复，顾客一般会选择购买；如果不能，顾客则会拒绝购买。

事实上，顾客真正在意的是产品有没有效果，而不是能否退款。因此，导购在答复顾客时，不是对退款进行肯定，也不是对退货程序和真实性进行举证，而是应充分证明产品的效果，这才是让顾客下决心购买的理由。

要想消除顾客对产品承诺的不信任，导购就要从以下几个方面增强顾客对产品的信心。

增强信心：

- 从老顾客使用效果反馈方面增强顾客信心
- 通过专业、科学地介绍产品增强顾客信心
- 从退款条件及流程说明方面增强顾客信心
- 从强调门店信誉方面增强顾客的购买信心

实战强化训练 1

导购：“美女，做出这样承诺的祛痘产品不多，如果您只是担心退款问题，这您可以放心，销售的每一套产品我们都会提供发票与售后凭证，凭证上面都清楚地写着各种有可能出现的情况和退款的流程规定，没有任何虚假。而且这是品牌的生产厂家直接做出的承诺，我们在引进品牌产品之前也是经过多重考察的，现在是我们店和厂家用共同的信誉来向您保证产品确实有效，您可以放心购买。”

金牌技巧点拨

导购首先从退款的标准性及程序说明方面对顾客提出的质疑进行了解释，然后又通过厂家和店铺做出的双重承诺，促使顾客成交。

YES √ 实战强化训练 2

导购：“美女，这您放心！我们既然敢做出这样的承诺，就说明我们对产品效果有绝对的信心。这款减肥产品含有独特的速效消脂碱，进入人体后可使脂肪分解燃烧速度提高 19.5 倍，使葡萄糖转换为脂肪的量减少 85%以上。服用 60 天就有 87%的使用者能达到理想体重，并保持 20 个月不反弹，完全符合世界卫生组织提出的减肥“五不”原则：不乏力、不厌食、不脱水、不反弹、不腹泻。另外，我们产品不仅能减肥，还能补充人体维生素和矿物质，均衡人体营养，提高人体抵抗力，令皮肤更光滑、红润和富有弹性。正是因为这些因素，我们才敢做出无效退款的承诺，我相信您最终会对这款产品感到满意的。”

金牌技巧点拨

导购先对产品功效进行了专业、科学的介绍，增强顾客对产品的信心，又进一步提升了产品附加值，最后对产品效果再次给予肯定，让顾客下定决心购买。

第六章

Chapter 06

化解顾客异议情景口才训练与实战技巧

销售口才

当顾客提出异议时，其实是在表达一种意愿，希望导购可以强化自己购买产品的理由。顶尖的导购都倾向于将顾客的异议转化为肯定的购买信号。如果处理得当，异议很可能就会变为成交的希望。导购要做的是，对顾客各式各样的异议事先设计完美的处理对策，并形成销售过程中的经验。

66 情景演练 顾客认为产品包装不好

NO ✕ 错误应对示例

1. “化妆品的产品包装都差不多的。”

高手指点 等于承认了自己的包装难看，还把问题扩大到了行业现象，容易让顾客觉得我们人品不好，导致顾客对我们很排斥，戒备心也会增强。

2. “我们正在设计新的包装，马上就上市了。”

高手指点 那就是说目前的包装确实很难看了，顾客可能会继续跟我们纠缠包装的问题。

3. “产品品质好才是最重要的。”

高手指点 转移话题，让顾客的关注点落在产品品质上，但转折强硬，会给顾客留下强辩的印象，不是得体的回复。

WHY 一 深度情景解析

不管产品的包装是不是真的难看，导购都要先认可顾客的观点。如果产品包装确实不好看，导购可以阐述目前阶段公司的战略主要是改进产品品质，满足顾客需要的各项产品效果要求。如果顾客所说的问题并不存在，导购可以用某些有分量的荣誉向顾客证明自己的包装不落后，如包装是由某著名广告公司设计的，曾被××明星代言等。

如果顾客提出的异议真实存在且包装已经很多年没有更换风格了，导购在认可了顾客的观点后，可以告诉顾客多年没换是因为这是品牌的主风格，公司注重品牌塑造，主风格一旦确定，就不会轻易改变，

但是在包装细节上依然会不断进行更新的。

YES √ 实战强化训练 1

导购：“您肯定是我们的老顾客了，对我们的包装非常了解。您说得对，我们的包装自品牌创立以来确实没有做过很多调整，因为我们老板非常重视品牌塑造，您看加多宝罐装饮料自上市以来的红色改为了金色，之后就再没变动过，让大家一进商场看到金色罐装饮料就知道是加多宝。我们老板也希望顾客一看到我们的包装风格就知道是我们的品牌。当然，我们的产品包装除了主风格没变化，其实细节上是有调整的，您看……”

金牌技巧点拨

导购首先认可了顾客的观点，然后从品牌塑造方面向顾客解释了产品包装之所以这么设计的原因，能有效消除顾客的对此产生的疑虑。

YES √ 实战强化训练 2

导购：“美女，您说的这个问题我们现在也正在解决。其实，公司已经请著名的广告公司来设计了，估计一个月之后就能看到我们的新包装了。我们公司之前也发现了这个问题，一直没改动的原因是因为公司第一阶段的战略是研发最适合顾客的产品，现在我们的产品效果已经获得了很多顾客的认可，有了一定的口碑，公司就开始关注更新包装了。”

金牌技巧点拨

导购针对产品包装的问题解释了原因，并告诉顾客包装以后会更新，同时也向顾客灌输了产品功效非常好的信息，让顾客对产品充满信心。

67 情景演练 顾客问：“特价产品不会有问题吧”

NO X 错误应对示例

1. “不会的，质量都是一样的。”

高手指点 太过于敷衍了，并不能完全消除顾客的顾虑，应重点说明能带给顾客什么利益。

2. “都是一个品牌的东西，没问题的。”

高手指点 虽然都是一个品牌的东西，但顾客会想是不是快到期了？是不是效果评价不好？有很多不利于成交的顾虑在顾客脑海中一条接一条，顾客会很快决定不购买产品，这样的话不利于产品成交。

WHY 一 深度情景解析

这类顾客表面上是怀疑产品的质量问题，实际上是对导购的不信任，所以处理好这个问题的关键就是要取得顾客的信任，让顾客相信我们说的话。

当顾客对导购并不信任的时候，不能简单、空洞地回答顾客问题，而应该坦诚地告诉顾客产品特价的真正原因，以真诚的言语说服顾客，同时以特价商品实惠、划算为卖点引导顾客立即购买。

导购要时刻谨记：当我们行为坦诚、语言真诚，并且表现得敢于负责的时候，往往更容易获得顾客的信任。

YES √ 实战强化训练 1

导购：“美女，您这个问题问得非常好，我们以前也有一些老顾客产生过相同的顾虑，不过有一点我可以负责任地告诉您，不管是正价还是特价，其实都是同一品牌的产品，质量也完全一样，包括我们给您提供的质量保证都是一样的，而价格却要低很多，是因为我们店里为了庆祝开业 3 周年，感谢顾客支持而做的反馈新老顾客活动，所以您现在买是非常划算的，您完全可以放心选购。”

金牌技巧点拨

导购对顾客的说法表示认可，然后以质量承诺降低顾客的顾虑，并顺便强调了特价品的优点以推动快速成交。

YES √ 实战强化训练 2

导购：“美女，您有这个顾虑很正常，其实这些产品之前都是正价商品，只是因为今天是我们六周年店庆，所以才拿来做特价的，质量是完全一样的，这一点您可以放心，而且这个价格就只有今天一天才有，明天就恢复原价了。”

金牌技巧点拨

导购先认同顾客，然后给顾客合理的解释，并告知顾客促销截止时间，让顾客产生一定的紧迫感，促使顾客尽快下定决心购买。

68 情景演练 顾客说："这款产品不如另一个品牌好"

NO ✕ 错误应对示例

1. "怎么可能呢，我们是国际品牌，他们是什么？"

高手指点 直接贬低竞争对手，会让顾客认为我们是为了把产品卖出去故意这么说的，还会觉得我们一点儿气度都没有。

2. "好吧……"

高手指点 等于直接承认了自己的品牌不如别人，没有对顾客的话做出任何有效的回应，直接放弃了这位顾客。

3. "不管您怎么说，我觉得我们的品牌更好。"

高手指点 这种毫无意义的争辩并不会解决问题，还容易引起顾客的反感，对销售产生不利影响。

WHY — 深度情景解析

顾客在购买化妆品时经常会比较各个品牌，尤其是有经验的顾客更是如此。导购面对顾客的比较时，要相信自己的品牌、产品和服务，要有绝对的自信，相信自己能给顾客带来最大的利益。

一般情况下，顾客进行品牌之间的比较并不是恶意的。既然她们进了我们的店铺，也听我们介绍了产品，甚至试用过了，这就证明她们对我们是认可和信赖的。这时我们的气度起着重要作用，顾客会通过我们对竞争对手的评价来决定对我们的评价。此时千万不要诋毁竞争对手，而是要肯定对方的优点，然后强调自己的差异化优势，用自己充足的信心为品牌增色，让顾客能被我们自信的态度所感染，从而对推销的产品不再那么抵触，顾客自然会选择我们的产品。

当顾客拿自己的产品与竞争对手进行比较时，针对不同的情况有不同的应对方式。

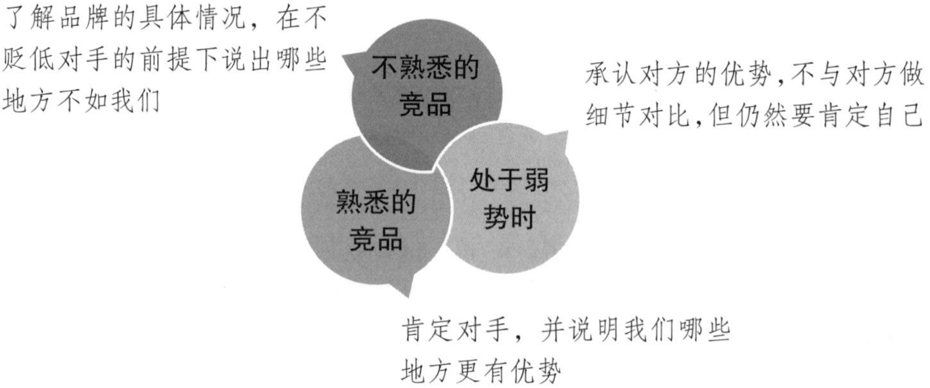

不熟悉的竞品：了解品牌的具体情况，在不贬低对手的前提下说出哪些地方不如我们

处于弱势时：承认对方的优势，不与对方做细节对比，但仍然要肯定自己

熟悉的竞品：肯定对手，并说明我们哪些地方更有优势

YES √ 实战强化训练 1

顾客：“××的润肤水效果好像比你们的好。”

导购：“美女，不好意思，我不太了解您说的这个品牌，也没有用过这个品牌的产品，所以没办法进行比较。但我相信您说的是事实，××应该是不错的产品，我会去详细了解一下。不过，选择化妆品的原则是依据皮肤状况、季节性、安全性和产品组合的配合使用。润肤水是一款单一的护肤产品，只使用一瓶很难比较好坏。经过我对您皮肤的判断，我们的这款产品肯定能满足您补水、滋润、美白的多重需要。既然您今天也了解体验过我们的产品了，觉得价格也很合适，您错过了就可惜了。”

金牌技巧点拨

导购即使了解对方说的品牌，也可以说自己不了解，给顾客一个“您强调的产品也不怎么样”的暗示，但也不能让顾客太没颜面。然后通过分析顾客的皮肤及产品试用情况，向顾客强调眼前的机会更重要，激发顾客的购买欲望。

YES √ 实战强化训练 2

顾客：“我记得××品牌的眼霜比你们更知名。”

导购：“您说得对，如果单从名气来说的话，您说的××品牌确实比较有名气，他们的核心产品就是眼霜。但您也知道，化妆品不能只靠名气，关键还是要看实际效果。我们的产品是法国品牌，创立于1869年，产品成分源于温泉的矿物泥配合植物精华，有更悠久的历史、更全面的成分和更便捷的使用性。我们不敢说比人家的好，但肯定不差，而且我们是全系列的产品结构，如果您使用眼霜后觉得效果不错，就能很方便地在我们品牌范围内挑选其他护肤产品。这样既方便又能使产品配套，您可以考虑一下。”

金牌技巧点拨

导购客观、真实地评述竞品，在肯定对方的同时也突显出了自己产品的优势，并给顾客考虑的时间，让顾客在没有压力的情况下做出选择。

69 情景演练 顾客说：“我之前用过，效果不怎么好”

NO ✕ 错误应对示例

1. “您说的我不太清楚，我刚来没多久。”

高手指点 这样的话显得导购很不专业，一个连自己产品都不了解的导购，很难使顾客信任她推荐的产品，只会让其尽快离开店铺。

2. “不可能啊，我们产品效果一向不错的。”

高手指点 直接反驳顾客，不承认顾客的说法，会引起顾客的反感，最好能给出具体的事实依据。

3. “我没有办法证明您说的是真是假，因为您不是从我这儿买的。”

高手指点 很明显的推脱借口，很容易让顾客发怒，无论是对导购还是对品牌，都会产生不利影响。

WHY 一 深度情景解析

这类异议是比较难处理的，一般的导购很难把握好立场，要么直接推卸责任，要么说话唯唯诺诺，词不达意。既然顾客主动提及此事，说明还愿意给导购修正错误的机会。顾客是对品牌改变印象还是直接转头就走，完全要看导购的处理能力。

这个问题从技巧上来说也不难处理，主要是了解顾客使用效果不佳的根源，然后提出针对性的意见。导购在化妆保养方面的专业知识在这时就能起到重要的作用。但要想彻底扭转顾客的观念，导购还要具备坦诚面对和弥补过失的积极心态，用更出色的服务和行动来证明自己的品牌。

对于消除顾客产品效果使用不佳的异议的解决步骤如下。

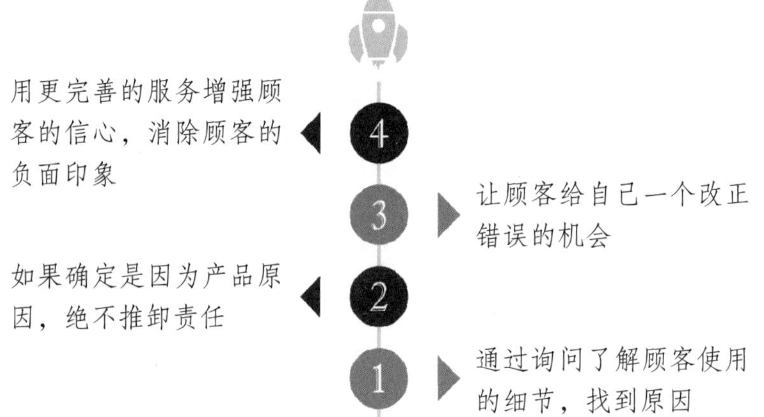

YES √ 实战强化训练 1

导购：“美女，我已经在这个品牌做销售 5、6 年了，我可以肯定地说，我们一直是以口碑和效果良好著称的，之前还从未碰到过您这种情况。您能具体地说一下吗？我们会很重视您反映的情况。我们一起把这个问题解决了，好吗？”

金牌技巧点拨

导购首先摆正了自己的立场，然后让顾客开始反映具体情况，并从专业的角度给出建议和解释，容易赢得顾客的好感。

YES √ 实战强化训练 2

导购：“美女，您能说得详细一点儿吗？您购买的产品、时间和使用方式，这些情况您说得具体一些，我们也好找到原因，彻底解决您的问题。同时，您的真实反馈也能帮助我们改进产品配方，提升产品效果。我拿一下纸笔，您坐下来慢慢说。”

金牌技巧点拨

导购通过了解顾客的具体情况，排查顾客使用效果不好的根源，在找到根源之后，就可以有针对性地解决问题了。

70 情景演练 顾客说："你们的产品不如其他品牌产品全"

NO ✕ 错误应对示例

1. "嗯，有可能，要不然您先买这几样吧！"

高手指点 不断催促顾客成交，顾客会觉得导购的专业性不强，反而不会再购买了。

2. "怎么可能，您说的是哪个品牌呢？"

高手指点 好像在逼问、怀疑顾客的话，没有哪位顾客会乐意接受导购的这种态度。

3. "您能说具体点吗？是什么产品我们品牌没有呢？"

高手指点 顾客可能只有一个模糊的感觉，问得太仔细了顾客不一定能说得上来，还会伤及顾客的颜面。

WHY 一 深度情景解析

对于闲逛的顾客来说，店铺面积大、商品丰富的化妆品店更容易受到她们的青睐，因为更容易挑选到她们满意的产品。但很多的品牌专柜都在高档商场中，寸土寸金，能够陈列出来的商品有限，会给顾客一种品种不全的感觉。有时顾客看不到某些畅销的产品，也容易有品种不全的感觉。

如果顾客明确指出门店暂时没有某种热门新品，我们要对顾客的提醒表示感谢，然后推荐其他合适的产品或者留下顾客的联系方式以便进一步跟进。如果顾客只是有模糊的感觉，我们也不必追根问底，可以简单回应顾客，将顾客的思路拉回到现有的产品品种上。

当顾客提出产品不全的异议时，我们应当做到以下几点。

（1）要先听顾客把话说完，不要急于辩解。

（2）不管顾客说的是不是真的，都要对顾客提出的建议表示感谢。

（3）帮助顾客找到需要的产品，解决顾客问题。

（4）如果没有找到合适的，可以推荐其他能满足顾客要求的替代产品。

（5）如果没有替代产品，争取让顾客成为热心推荐员。

YES √ 实战强化训练 1

顾客：“现在最流行××眼影，别的品牌都已经上新了，为什么你们品牌还没有呢？”

导购：“美女，首先谢谢您的提醒，看来您对化妆品的潮流非常了解，真是行家啊！您说的××眼影确实是今年最流行的产品。有一个好消息告诉您，这款眼影我们已经投产了，预计 3 天后就会到店。如果您想买这款眼影的话，您可以等 3 天。还有一个更好的消息是，我们在这款眼影的配方上增加了一些新元素，有更好的使用效果。到底是什么请允许我卖个关子，您可以留下电话，等产品一到，我马上联系您。像您这样热心懂行的顾客，我们一定会特别放在心上的，再次对您提出的建议表示感谢。”

金牌技巧点拨

导购首先对顾客的提醒表示了充分感谢，然后告知顾客她所需产品的生产情况，并留下悬念，吸引顾客下次到店，借助新品上市创造再销售的机会。

YES √ 实战强化训练 2

导购：“您感觉到的可能还不够全面，我们是品牌专柜，面积有限，一般陈列在外的都是当季新品和热销产品，数量较少，很容易造成视觉上的偏差。其实我们品牌的各类护肤品和彩妆都很齐全，还有一些产品在柜子里，没有陈列出来。除了您已经挑好的这些产品外，您还需要哪一类呢？您可以告诉我，我帮您拿。”

金牌技巧点拨

导购跟顾客说明了之所以会出现这种现象的原因，如果顾客只是随意说说而已，那知道原因之后基本上也就不会再提什么了。

71 情景演练 顾客想买，但遭到同行人员阻止

NO × 错误应对示例

1.“您别管别人怎么说，自己喜欢就好了。”

高手指点 不仅没有任何说服力，还容易导致同行人员对我们产生对抗与反感，反而得不偿失。

2. “这是我们今年的新款，卖得最好的。”

高手指点 说法太过于简单了，没有说服力，应该在了解顾客及同行人员的偏好之后进行针对性说明。

3. “我觉得挺好的啊！”

高手指点 我们觉得好没有用，关键是怎么让我们的顾客觉得产品确实不错，让顾客为我们的产品买单才行。

WHY 一 深度情景解析

当顾客对产品比较满意，而同行人员反对时，导购要仔细倾听同行者的否定观点，强化顾客最喜欢的产品细节，扩大利益点，引导顾客完成购买。要注意的是，千万不能主次颠倒，只应付同行者而忽视顾客的存在，这也是不明智的。

首先，导购要礼貌地倾听同行者的意见，通过适时赞美来拉近自己与同行者的距离；其次，导购要仔细观察分析，进行角色判断；最后，针对分析结果进行有策略的劝说，最好是将同行者转变成同一战线的朋友，巧用施压策略，促使顾客迅速做出购买决策。

YES ✓ 实战强化训练 1

导购：（对同行者）“美女，看您对购买化妆品挺内行的，您觉得还有哪里不合适呢？说出来，我们可以一起帮您朋友做参考。（对顾客）美女，看您这么喜欢这款产品，错过了岂不是太可惜？而且现在是活动期间，您可以享受 8 折优惠，只需要 × × 元就可以购买到您喜欢的产品了。”

金牌技巧点拨

导购对同行者表示赞美并让她们说出否定观点，然后就可以针对性地消除异议。对顾客采用打折促销策略，给顾客一种“机不可失，失不再来”的感觉。

YES √ 实战强化训练 2

导购：“美女，看您是化妆品的行家，又细心，难怪您朋友会带上您购物。看您朋友挺喜欢这个产品的，您是觉得哪里不合适呢？或者您想帮朋友挑选什么样的产品呢？”

金牌技巧点拨

导购通过适时赞美拉近自己与同行者之间的距离，然后通过询问了解到同行者的抗拒点和兴趣点之后，再解决问题就比较容易了。

72 情景演练 顾客说：“你们的化妆品价格太贵了”

NO × 错误应对示例

1. “国际品牌当然比较贵了！国产品牌很便宜，您会买吗？”

高手指点 优秀的导购是不会说出这样的话的，她们尊重顾客，更加关注如何使顾客能感受到产品真正的价值，让顾客觉得物有所值。

2. “美女，便宜没好货啊！”

高手指点 顾客估计在很多导购嘴里听到过这句话，已经习以为常，不会起到任何作用了。

3. “不好意思，我们品牌就是这个价格的。”

高手指点 尽管产品价格昂贵，导购也不能用消极的态度敷衍顾客，这样不利于产品的售出。

WHY — 深度情景解析

几乎所有顾客都或多或少地对价格提出异议，这是导购经常会遇到的问题。其实，如果顾客对产品没兴趣，或者产品价格真的贵到顾客难以承受，顾客就直接放弃了。顾客提出这种异议只是想知道是否有可议价的余地而已。

导购不用直接和顾客解释产品到底贵不贵，这样就会陷入和顾客抬杠的争端当中，顾客的目的也就达到了。其实，价格的高低取决于顾客的心理承受度。因此，解决异议最好的办法就是提高顾客对价格的心理承受度，提升产品价值，让顾客觉得物超所值。

当顾客对价格提出异议时，导购可以参照以下步骤解决顾客的异议。

认同顾客 ---> 是的，您说得有道理，我们的产品确实不太便宜

证明自己 ---> 从产品的成分、功效、品牌等各个方面证明产品“高而不贵”

恭维顾客 ---> 像您这样有品位的顾客，怎么会选择低价的产品呢？

赠送礼品 ---> 我可以额外送给您一份礼品，希望能和您成为朋友

YES √ 实战强化训练 1

导购：“美女，您说得没错！我们是国际品牌，价格肯定是不会太便宜的。但以您的气质和水准，一看就是都市女性，和普通家庭妇女的消费习惯有本质区别，价格不应该成为您拒绝的理由，您对产品的喜欢才是最重要的。如果您现在能决定的话，我可以申请送一支口红给您，正红色，非常符合您的气质，价格也并不便宜呢！我们也只针对老顾客和VIP顾客才送赠品哦！”

金牌技巧点拨

导购一开始适当恭维顾客，在顾客对导购产生好感的同时，利用利益促成法进行促销，让顾客感受到物超所值。

YES √ 实战强化训练 2

导购：“美女，我们的价格是不便宜，但我们是国际品牌，价格高也就意味着服务、品质和效果有保证！更重要的是，使用化妆品能让我们拥有更多自信。国产品牌是会便宜一些，但在心理感受上一定差很多，您自己也一定清楚。说真的，像您这样有品位、有气质的职业女性就应该使用高档品牌，便宜的品牌产品我还不敢给您推荐呢！”

金牌技巧点拨

给足了顾客颜面，顾客开心之后，自然也会给导购想要的，赞美法不失为一个非常有效的策略。

73 情景演练 顾客要等到促销期再买

NO ✕ 错误应对示例

1. “那还有一段儿时间呢，您就别等了！”

高手指点 顾客听了这句话也不会现在就买的，因为我们没有告诉顾客现在买能给她带来什么具体利益。

2. “那不如现在我给您便宜一点儿，怎么样？”

高手指点 一上来就直接给顾客降价，难免会让顾客以为产品的还价余地很大，会过早地陷入价格争论，对销售不利。

3. “反正早买晚买都得买，还不如现在就买呢！”

高手指点 虽然在催促顾客买单，但基本上起不到什么作用，顾客等促销期就是为了价格便宜，又怎么会在乎多等几天呢？

WHY 一 深度情景解析

零售行业经常会举办一些促销活动，比如在黄金周等重大节假日时，就会推出各种促销活动来拉动销售。在这个时间段购买产品往往比平时能获得更大的优惠，比如可获得礼品、打折、积分加倍等。因此，顾客不是不买，而是觉得到做活动时购买更划算，这就是顾客的理由。

但实际上这是顾客拖延的一种手段，现在不买，促销期也不一定会买，导购显

然不可能提出给顾客更大的优惠。因此，就要从顾客的心态入手，强调产品畅销及断货的可能性，放大顾客得不到产品的可能性，这样才有可能成交。

对于不同的产品，有以下不同的说服技巧。

说服技巧

基础护理类产品：皮肤每天都是需要保养的，您可以等，但皮肤不能等啊

畅销类产品：这款产品是我们的明星产品，怕您要买的时候会断货

彩妆类产品：正是因为黄金促销周，才要把自己打扮得漂漂亮亮去迎接啊

YES √ 实战强化训练 1

导购：“美女，我理解您的想法，但您选的是基础护理品，每天都要使用。您虽然可以等几天，但皮肤等不了啊！现在正值换季，皮肤容易过敏，如果不好好保养，出现不良状况不能及时补救就不划算了。促销期是促销期，现在是现在。我们不会因为明天有人请客，今天就不吃饭吧！再说离促销期还有一段时间，促销内容、形式都没确定，万一这款产品不打折，您不是会更后悔没有早日购买吗？优惠是小事，皮肤能得到好的保养才是大事，您说是吗？”

金牌技巧点拨

导购从皮肤每天都需要保养的角度来说服顾客，并将黄金周与现在有效地区分开来，然后以促销期活动的不确定性来激发顾客的购买欲望。

YES √ 实战强化训练 2

导购：“美女，促销期确实会有大规模的促销活动，那时候购买肯定会更划算，但您看中的这款产品是我们本季的限量版，销量非常好，目前就剩下不到10套了，我可以肯定这套产品不到促销期就会卖断货。您逛了这么久，好不容易看中一款产品，即使黄金周有优惠，买不到喜欢的产品也没用，您说对吗？

化妆品买的是好心情，您今天购买，马上就能享受产品带给您的快乐。促销期还要等很久，您每天这么等，感觉应该也很痛苦吧？”

金牌技巧点拨

导购跟顾客强调了产品的畅销性，利用产品畅销和存货不多促使顾客做出决定，并放大了顾客漫长等待的痛苦，加大顾客现在购买的冲动。

74 情景演练 顾客说：“我买这么多，怎么不打折”

NO × 错误应对示例

1. “那我给您打个 9 折吧！”

高手指点 太过轻易的让步反而会导致顾客进一步讨价还价，在价格上面一定要慎重。

2. “不好意思，我们是品牌专卖店，价格都是统一的，不可以打折。”

高手指点 直接拒绝顾客的要求，会让顾客觉得很尴尬，很有可能会放弃这次购买行动。

3. “您买得不算多，昨天有位顾客买了几千元也没给打折呢！”

高手指点 即使我们说的是事实也肯定会得罪顾客，这单交易会因为我们不合适的言语而白白流失掉。

WHY 深度情景解析

在购买时讨价还价，这是女性享受的购物乐趣之一，即使是在专卖店也不例外。讨价还价并不表示顾客没有这个消费能力，也不是一定要达到某种折扣她们才会买，她们只是单纯地享受这个过程和乐趣。

顾客提出打折，无非是为了从我们这里享受到与众不同的待遇。如果没有折扣优惠，也可以适当赠送一些小礼品，补偿她们因无法实现的价格优惠而带来的心理落差，让顾客感觉到自己被店家重视，她们会很满意这次购物。

对于顾客要求打折的情况，导购可以从以下五个方面来应对。

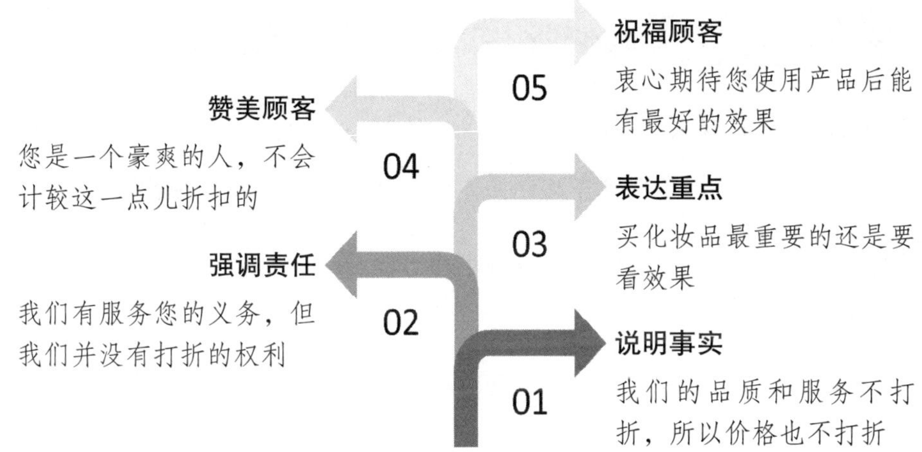

YES √ 实战强化训练 1

导购：“女士，您挑产品的眼光非常厉害，相信您也看到我们店这块‘谢绝还价’的牌子了。您一次买这么多产品，足以证明您是一个豪爽的人，看中产品的效果，也不会计较这 10 元 8 元的折扣。虽然我没有权利给您打折，但为了感谢您的购买，我可以申请一份 VIP 贵宾礼品给您。您这么大方又善解人意，我希望有机会长期为您服务。这是一点儿心意，希望您能接受。”

金牌技巧点拨

导购跟顾客说明购买化妆品的重点是有效果，在告诉顾客不能打折的同时也帮顾客申请了小礼品，让顾客能感受到对她与众不同的待遇。赠送礼品对于无法得到价格优惠的顾客来说是意外的惊喜，她们会很开心。

YES √ 实战强化训练 2

导购：“美女，其实我也很想满足您的要求，这样您能开心，我也有销售业绩，但是我没有这样的权力，因为我们对待顾客的原则是‘品质和服务不打折，价格也不打折’。如果我轻易给您打折，意味着我们的服务水准也会轻易地降低，我想这样您肯定也不乐意。”

金牌技巧点拨

导购直接向顾客说明不能打折的事实，让顾客对此有一个清晰的了解。这种方式适用于比较理性、讲道理的顾客。

75 情景演练 顾客说："我是老顾客，有什么优惠"

NO ✕ 错误应对示例

1. "非常抱歉，价格都是公司规定的，我没有优惠的权限。"

高手指点 导购即使把责任推给公司也解决不了这一问题，顾客会觉得公司太不讲人情了。

2. "我们对待新老顾客都是一视同仁的，不好意思！"

高手指点 维系巩固与老顾客的关系十分重要，因为老顾客与导购已经建立了信任。当推荐产品时，老顾客很容易接受建议。过于冷漠地对待，会让老顾客觉得寒心。

3. "您既然是老顾客，必然清楚我们的规定，又何必为难我呢！"

高手指点 导购流露出了对老顾客的不满，不仅会让老顾客很不高兴，还可能导致以后再也不来了。

WHY 深度情景解析

老顾客对于门店来说是最宝贵的财富，维护好与老顾客的关系能为门店带来更多的顾客，因此导购一定要热情服务好老顾客。对于老顾客来说，她们希望能得到比普通的顾客更多一些不同的优待。

对于老顾客提出的优惠要求，导购不能一直跟顾客强调公司的规定，这并没有什么作用，只能引起顾客反感。老顾客在乎的是能否得到不同于其他顾客的、更好的或者不同的服务，导购要通过提供一些人性化的服务来满足顾客的优越感，如免收少额零钱、赠送礼品、免费包装等，也可以向其推荐 VIP 卡，同时也要感谢老顾客的继续支持，将老顾客牢牢抓住，成为门店持续经营的力量。

当老顾客要求优惠时，可以采用以下技巧进行应对。

准备一些小礼品，赠送给老顾客

向老顾客推荐积分计划或会员计划

应对技巧

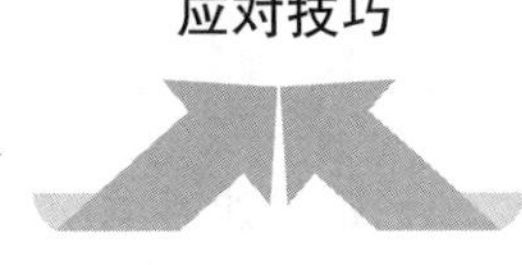

减免零钱，对老顾客免收个位数的零钱

为顾客提供免费测试皮肤、免费领取新品小样等服务

YES √ 实战强化训练 1

导购：“王女士，您这是第四次来我们店了吧？我记得您第一次来的时候，我向您解释过不打折的规定。我确实没有权力在现金方面打折。不过我刚刚给您查了一下，加上您本次的消费金额，已经有3700多分了，只要满4000分，您就能成为我们的金牌会员。这样您以后购物能享受8折优惠，还有专门为会员提供的服务。您看您是现在补足4000分打折呢，还是累积到下一次呢？”

金牌技巧点拨

导购首先向顾客表明确实无法打折，然后以核对积分和积分计划所带来的优惠引导顾客，让顾客在补足积分和累积积分两个选择之间二选一。

YES √ 实战强化训练 2

导购：“赵女士，非常感谢您一直以来对我们店铺的厚爱！您这么支持我们，我按理说应该给您优惠才对，但这要求与店里规定不符，恕我不能按您的要求来做。不过您放心，我去向店长申请一下，看能不能给您申请个9折优惠。如果申请下来了，代表了我对您的心意；如果申请不下来，也请您体谅一下，继续支持我们，我们保证会以更优质的服务让您满意。我先开好单，马上为您申请。”

金牌技巧点拨

导购首先对顾客表示感谢，然后说明自己没有打折的权限，但为了不让顾客失望，又表示帮助其申请一下，这样真诚的服务当然会增强顾客对店铺的好感度。

76 情景演练 顾客说："把零头抹了吧，也就 10 块钱"

NO ✕ 错误应对示例

1. "我们公司有规定的，抹不了。"

高手指点 即使这是事实，也要换一种顾客能够接受的语气，太生硬了是没有效果的。

2. "如果给您抹掉，我自己就赔了。"

高手指点 虽然这样跟顾客说了以后，顾客再讲价就显得太过于小气了，但这种回应还是会让顾客感到不舒服。

WHY 深度情景解析

在门店销售行业，总会有顾客提到把零头去掉，这主要是因为顾客对商家不信任。顾客总认为商家有很多的利润空间，无论如何要少花钱。但既然是销售，那么赚取合理的利润是非常必要的，因此在对待顾客时要有自信，不要过于害怕顾客拒绝购买。

对于这类要求抹去零头的顾客，可以用以下三种方法来解决问题。

解决方法

- **合理解释法**：在有些品牌店，价格是规定好的，如果低于价格出售，只能导购自己出钱。如果是这样就做好合理解释，但要注意态度。不能对顾客的要求显得很反感，而要表示出理解
- **赞美顾客法**：顾客有时并不是在乎那 10 块钱，只要给足顾客颜面就可以化解，赞美法非常有用，一个优秀导购会随时随地赞美顾客，直到完成交易
- **抽奖法**：为店铺做一个抽奖转盘，上面从 1 到 10，当顾客要求抹零头时，就做这个游戏。由顾客摇转盘，摇到多少就是多少，会让顾客有种强烈的参与感

YES ✓ 实战强化训练 1

导购：“美女，10 块钱对您来说应该不算什么吧？您觉得抹掉可能心里会舒服一点儿，但我们财务每天都要对账的，您就不要为难我了，而且您找到一套真正适合自己肤质的化妆品也不容易，适合才是最重要的。能还价的店铺您才会吃亏，因为您永远买不到底价，而我们店铺一直都是最低定价，对每位顾客都一样，这样顾客才觉得公平，也不会吃亏。”

金牌技巧点拨

导购对不能抹零的原因做出了合理解释，然后从产品的角度告诉顾客合适最重要，最后以能还价的店铺买不到底价为理由，消除顾客的顾虑。

YES ✓ 实战强化训练 2

导购：“美女，真是对不起，我们的产品价格都是系统定好的，无法更改。一看您就是个爽快的人，也不会在乎这 10 块钱的。虽然价格给您降不了，但我们有个精美礼品可以送给您，会更加划算。”

金牌技巧点拨

导购首先跟顾客解释了价格无法修改的原因，然后适当地恭维顾客，让顾客不至于产生不愉快的感觉，最后提出赠送顾客礼品，让顾客在心理上能得到一些安慰。

77 情景演练 价格已经到底线，但顾客仍旧砍价

NO ✗ 错误应对示例

1. “非常抱歉，价格已经最低了，不能再让了。”

高手指点 把自己放在了跟顾客完全对立的局面，而且直接拒绝顾客，会让顾客感觉没有颜面。

2. “我只是个导购，最多也就能给您这个价了。”

高手指点 陷入了不肯让步的死胡同，双方容易僵持不下，顾客如果得不到自己想要的价格，可能会放弃购买。

WHY 一 深度情景解析

一名优秀的导购不仅要了解顾客外在的需求，也要了解顾客的内在需求。每位顾客肯定都希望买到物美价廉的商品，但顾客除了有花最少的钱买最好的产品这一外在需求外，还有渴望被尊重、被赞美，渴望安全感的内在需求，这一点导购也应该充分注意到。

顾客表面上是在讨价还价，但实际上是想通过讨价还价来证明自己是聪明的消费者，告诉导购自己不会被轻易蒙骗，并通过这种行为寻找一种安全感，也是在寻找一个更低的价格买到物超所值的产品，在讨价还价的过程中，也会有很强的自尊心理。导购如果能在恰当的时候给予顾客关心和尊重，当顾客这种心理需求得到满足后，自然不会再讨价还价了。

YES √ 实战强化训练 1

导购：“女士，看得出来您是一个特别会居家过日子的人。买化妆品也好，生活也好，就应该像您一样，把每分钱都花在刀刃上。如果价格还有一分钱可以商量的余地，我一定不会让您为难的，也请您理解我们。其实您也看到了，现在化妆品行业的竞争越来越激烈，利润也越来越薄。去掉我们这里的一系列经营成本和费用，我们能挣到的钱可以说是非常微薄了。”

金牌技巧点拨

导购对顾客进行适当地赞美，并适时指出价格确实无法再低，然后导购从消费者感性的心理入手，让顾客能充分理解不能再降价的原因。

YES √ 实战强化训练 2

导购：“美女，能看得出来您是真的喜欢这款产品，首先非常感谢您对我们品牌的信任和支持。其实我真的很想做成您这笔生意，只是真的很抱歉，我们给您的价格确实最低了，希望您多多理解！其实在买化妆品时，价格固然重要，但最重要的还是产品要适合自己，您说是吗？这款产品不仅非常适合您的肤质，而且这是 300mL 的瓶子，使用时间很久，算下来还是很实惠、划算的，您说是不是？”

金牌技巧点拨

导购先对顾客选择店铺表示感谢，然后告诉顾客确实无法再降价了，最后向顾客强调产品的利益点，让顾客感受到这个价格确实挺便宜的，让顾客产生购买欲望。

78 情景演练 顾客说："同档次的化妆品，你们这里的最贵"

NO 错误应对示例

1. "他们的品牌不如我们，价格当然便宜了。"

高手指点 直接贬低其他的品牌，显得一点儿职业水准都没有，顾客也不会就此相信我们产品的品质。

2. "别的品牌没有我们高档。"

高手指点 真正高档的品牌，是不需要这种自我标榜的，顾客只会认为我们是在自卖自夸。

3. "我们的档次是最高的，其他品牌至少比我们低一个档次。"

高手指点 导购的态度太过于嚣张了，说的话也过于夸张，没有顾客会因为这种说法而购买产品。

WHY 深度情景解析

导购在听到顾客的这句话之后，往往无法判断顾客的真实目的，感觉无从下手。其实在同类产品中价格最高，对于化妆品销售并非缺点，反而是一个很好的卖点。因此，大多数情况下，顾客说出这句话往往是在掩饰自己的消费能力不足。

在了解了这一点之后，导购就可以从两个方面进行突破：一方面，导购要对市场情况非常了解，必要时可用事实依据来证明自己品牌的高端；另一方面，要从顾客的心理着手，引导顾客了解"不怕货比货，就怕不识货"的事实，在产品品质的基础上强调服务和品牌的附加价值，让顾客知道我们产品贵，也是有理由的。

当顾客拿我们与其他品牌的化妆品进行价格对比时，导购可以参照以下步骤说服顾客。

实战强化训练 1

导购：“您说得没错，选择化妆品一定要多做比较，不仅要比品牌、比价格、比品质，还要比使用效果和感受。我们比的是价值，品牌价位高，但价值更高！我们会为每一位购买产品的顾客建立个人皮肤健康档案，定期请美容专家举办沙龙，提供个人护理配方，还有各种顾客联谊会和会员专享服务，这是一般品牌比不了的。您使用我们品牌，等于拥有了一位免费为您服务的美容护肤专家，虽然价格稍微高了一点儿，但是从各方面比较，我们的产品还是值得购买的，您觉得呢？”

金牌技巧点拨

导购先对顾客比较产品的做法表示理解，然后在产品价值的基础上强调服务和品牌的附加价值，让顾客相信贵是有理由的，从而激发顾客的购买热情。

实战强化训练 2

导购：“看来您对市场还是很了解的。确实如此，我们品牌起源自韩国皇室专用品牌，历史悠久，出自名门，当然价格比较高。我们的每一款产品从内在成分到外观包装，都是精雕细琢，堪称经典。每款产品一经推出，就会被其他品牌争相模仿。化妆品品牌是使用者身份的证明和自信的源泉。您的身份、气质与我们品牌的气质定位很符合，简直是为您量身定做的，这才是最重要的。”

金牌技巧点拨

导购先适当地恭维顾客，然后说出了自己品牌的绝对优势，并强调品牌代表了身份和品位，证明产品是非常适合顾客的。

79 情景演练 顾客不要赠品，希望产品直接降价

NO ✗ 错误应对示例

1. “很抱歉，我们公司有规定，不能直接降价的。”

高手指点 导购直接拿公司的规定跟顾客说事，最容易引起顾客的反感，对实现交易没有任何正面作用。

2. “那不行，您不要赠品也不能给您打折。”

高手指点 拒绝得太直接了，顾客会很有尴尬，可能还会因为这句话而放弃购买产品。

3. “这件事我做不了主的。”

高手指点 这是一种错误的暗示，顾客会想：既然你做不了主，那就找能做主的来不就行了吗？

WHY 一 深度情景解析

顾客在成交前往往会提出一些要求，而这些要求有时已经超过了规定范围。导购对顾客的这类要求经常感到很头疼，如果直接拒绝，肯定会引起顾客不快，导致交易失败；如果答应顾客要求，又不符合规定，不知道如何向领导交代。

其实，要围绕顾客的心理来处理顾客提出的这类要求。说到底，优惠是次要的，顾客更看重的是自己有没有丢颜面有没有得到充分的尊重。在尊重顾客的前提下，让顾客放弃打折要求，欣然接受产品并不难做到。对于顾客想要用赠品冲抵现金的情况，导购可以通过以下技巧来说服顾客。

购买产品最重要的是产品是否适合自己，自己是否喜欢，而不是赠品

赠品都是我们精心挑选的，方便实用，价格也不低

赠品代表的是我们对您的心意，体现的是价值而不是价格

陈述价值

创造价值

产品加赠品，也是好事逢双啊

YES ✓ 实战强化训练 1

导购：“您说的意思我明白。您是一个很会挑选产品的人，肯定知道让您决定购买与否的关键是产品适不适合您的皮肤。既然您对产品这么满意，即使没有赠品，我想您也会爽快购买吧！至于赠品，和产品价格没有关系，它代表的是我们对您的一份心意。这款香水是法国原装的，清新的柑橘香调，散发感性迷人的香味，非常适合您，价格不菲，仅限赠送，买是买不到的。如果您不需要，也可以用来送人，不过我想您肯定舍不得，对吗？”

金牌技巧点拨

导购对顾客的说法表示理解，然后向顾客强调购买的关键在于是否值得购买，最后陈述赠品代表的是心意，与价格无关，并强调赠品价格不菲，市面上买不到，让顾客下定决心购买。

YES ✓ 实战强化训练 2

导购：“美女，这么漂亮的化妆包您不要，可以送给我啊，哈哈。说实话，有了这个化妆包还是很方便的，比如您出个门带点儿基本护肤品、彩妆用品，都可以放在里面。我都特别想要一个，可惜这是公司专门为 VIP 顾客准备的，我就只能羡慕了。这化妆包虽然不是很贵重，但代表的是我们公司的心意，希望能帮助您在化妆时不至于找不到化妆品而手忙脚乱。赠品真的没办法冲抵现金，请您谅解，我帮您选一个您喜欢的颜色吧！”

金牌技巧点拨

导购首先跟顾客开了一个小玩笑，活跃了现场气氛，然后描述了赠品的方便实用，让顾客可以充分了解赠品的使用价值，最后提出让顾客挑选赠品颜色，自然而然地达成交易。

80 情景演练 顾客觉得价格优惠后也可以送赠品

NO 错误应对示例

1. “女士，鱼和熊掌不可兼得哦！”

高手指点 虽然回答了顾客的问题，但顾客的要求并没有满足，顾客不会轻易停止索要赠品的行为。

2. “不行，您只能选择一样。”

高手指点 态度过于强硬了，直接拒绝顾客，顾客肯定会觉得丢了颜面，从而导致交易失败。

3. “您要是两样都要，我们可就亏死了。”

高手指点 说法也太夸张了，这还不至于造成店铺的亏损，顾客只会觉得我们太言过其实了。

WHY 深度情景解析

女性其实是很矛盾的生物，她们可以花大量金钱购买化妆品，但同时也会计较折扣和赠品。如果要让她们做出一个选择，她们往往两者都想要。即使导购拒绝了她们的要求，她们也不会轻易放弃。

面对这类两者都要的顾客，购买产品对她们来说不是问题，但她们享受这种争取额外好处的过程。因此，这就要看谁更能坚持住了。导购在接待顾客时要始终保持热情和微笑，并坚持自己的立场，积极地为顾客提出选择建议，这样顾客也会欣然接受的。

对待要求同时获得打折和赠品的顾客，导购可以从以下四个方面来突破。

YES √ 实战强化训练 1

导购：“美女，看来您是个理想主义者啊！打折和赠品确实都很吸引人，可以理解您两样都想得到的心情，但确实只能选一个。就像结婚，最终只能选择一个结婚对象。古人说‘鱼与熊掌不可兼得，舍鱼而取熊掌者也’。打折等于节省现金，赠品是额外得到礼物，您觉得哪一样让您更开心，您就选哪一样。无论您的选择是什么，对您来说都不会吃亏。”

金牌技巧点拨

导购首先对顾客的这种想法表示理解，然后举了一个例子明白确实没有商量的余地了，让顾客尽快做出决定，并向顾客说明两种选择的优势，让顾客自行决定选择哪一种。

YES √ 实战强化训练 2

导购：“女士，我可以理解您的想法，如果有赠品，又可以打折，当然更好了。但您也知道我们是品牌专卖店，基本上从不打折销售的，就连送赠品的机会也极少。这次主要是因为我们店铺 8 周年店庆，所以才有这个促销活动的。您可以自己选择打折还是获取赠品，这种机会很难得。我个人建议您选择赠品，因为我们这次的赠品是专门定制的，限量版，以后有钱也买不到的。您等于花一样的钱买两样产品，当然更划算了。”

金牌技巧点拨

导购首先向顾客表明了这次促销机会难得，给顾客一种心理上的紧迫感，然后果断地为顾客提供选择的建议，激发顾客的购买兴趣。

第七章

Chapter 07

促成顾客购买情景口才训练与实战技巧

销售口才

你有没有想过，为什么销售同样的产品与服务，导购的业绩却有天壤之别——排名前20%的导购，总是包揽了80%的交易？答案是：他们会熟练运用一些成交技巧。优秀导购之所以能脱颖而出，是因为他们懂得推销的艺术。

81 情景演练 顾客听完介绍，爱不释手，但没有决心购买

NO ✕ 错误应对示例

1. “您既然这么喜欢，就买了吧！”

高手指点 有一种催促顾客尽快下单的意思，顾客本来就拿不定主意，这么一催促，反而更不知道该不该买了。

2. “您现在不买，一会儿就被别人买走了。”

高手指点 虽然是在激起顾客的紧迫感，但说得太过于绝对了，顾客不一定会相信我们说的话。

3. “那您再看看吧。”

高手指点 不是一种积极的应对办法，等于直接放弃了顾客。既然顾客很喜欢，就一定要找理由让顾客购买。

WHY 深度情景解析

顾客没有下定决心购买，背后往往存在很多因素，如价格、质量、导购的服务态度等。女性顾客在购物时往往不理智，容易冲动，既然她们已经对这款化妆品非常满意，导购只要针对顾客的穿着或气质多加赞美，再强调产品的优势和功效性，她们很有可能立刻就会买下。

对于这类有成交意向的顾客，一定要把握好成交时机，不要在无关紧要的问题上纠结，以免错过成交的关键时刻，从而不能实现成交。

YES ✓ 实战强化训练 1

导购：“美女，这款香水的味道非常适合成熟、优雅的女性，太符合您的气质了！我们这款香水从推出到现在一直非常抢手，但很多人都觉得驾驭不了这

款香水，因为香味太挑人了，但这款香水简直是为您量身定做的！我们品牌绝不会给顾客随便推荐，都是在帮顾客寻找最合适的产品。您逛街之前喷上这款香水，走在路上，回头率一定很高。您就不要犹豫了，毕竟很多时候逛很久也选不到一款适合自己的产品。您是刷卡，还是现金呢？”

金牌技巧点拨

导购首先对顾客适当赞美，并介绍了这款产品适合顾客的原因，以此增强顾客的购买欲望，然后在适当的时机向顾客提出成交建议。

YES √ 实战强化训练 2

导购：“美女，这一款产品是昨天下午刚调过来的，卖得非常快，经常出现缺货现象。它的保湿效果很不错，非常适合您的肤质。刚刚您也试用过了，肯定可以感受到的，而且我们今天刚好又有促销活动，等过几天促销就结束了，价格会恢复原价，既然喜欢，我建议您不如现在购买。”

金牌技巧点拨

导购首先跟顾客强调了产品的热销性，然后再次重申产品的品质，最后以促销活动限时给顾客制造紧张感，让顾客下定购买的决心。

82 情景演练 顾客询问同行人员的意见

NO × 错误应对示例

1. “您自己用的，何必要问别人的意见呢？”

高手指点

这样讲话不仅得罪了顾客的朋友，也会让顾客觉得我们的服务态度有问题，即使顾客之前考虑购买，听了这句话也会转头就走。

2. “那您先问问您朋友吧！”

高手指点

顾客的朋友有可能说出赞同意见，但也有可能说出反对意见，不能放任顾客询问别人。

WHY 一 深度情景解析

女性顾客在购物时喜欢结伴而行，当她们对某产品感到满意时，自然会询问同伴的意见。这时，如果顾客的朋友说可以，顾客可能会二话不说，立即买下；如果朋友说不太好，顾客就有可能不会买，离店走开。

因此，对于这种情况，导购不仅要照顾好顾客，还要顾及其他同行人员。对于顾客的同行人员，导购首先要真诚巧妙地赞美，然后请教她对产品的建议。只要同行人员愿意给出自己的观点，就意味着我们争取到了她的支持，销售成功的概率将极大地提升。

YES √ 实战强化训练 1

导购："美女，您有眼光，您帮您朋友看一下吧。"

金牌技巧点拨

顾客的同行者往往为了证明自己有眼光，也会点头的，虽然可能不说话，但很多时候也不会排斥产品，否则就说明她没眼光了。

YES √ 实战强化训练 2

导购："美女，既然您朋友问您的建议，说明非常重视您的态度。一看您就是个有品位的人，您说一下您的专业意见吧！"

金牌技巧点拨

导购一开始就不断赞美顾客，让顾客不好意思说出产品的不好，这不失为一个有效的策略。

83 情景演练 顾客问："你们这个品牌搞活动吗"

NO × 错误应对示例

1. "我们品牌从来不搞活动的。"

高手指点 回答得过于直接了，顾客本来想得到一些优惠，没想到直接被拒绝了，心理落差大，以致降低了购买热情。

2. “一般节假日会有活动的。”

高手指点 导购明确告诉顾客活动时间，可能会使顾客推迟购买时间，从而降低当前的销售额。

3. “近期是没有活动的。”

高手指点 如果我们这样回答顾客，顾客下面会接着问：“那什么时候有活动？”这样就容易同顾客纠缠不清。

WHY 深度情景解析

顾客这么问往往是为了以较低的价格购买产品，但做生意的人都是追求利益最大化的，导购更希望顾客以高价购买产品。因此，导购肯定不能告诉顾客具体的活动时间，那么转移顾客注意力也是要讲究技巧的。

中秋节、国庆节有活动，元旦、春节有活动，情人节、圣诞节也有活动，活动几乎会出现在每一个店铺，“没有活动不购买”几乎成了一种消费习惯。顾客在等待中节省了开支，但是导购不能等待，等待意味着个人销售额的降低。

因此，导购要控制好顾客的这种等待心理。化妆品是冲动型消费品，随性购买的概率很大，所以我们应当抓住顾客有购买冲动的最佳时机，用最具有煽动性的语言激发顾客即时购买的热情和欲望，必要时软硬兼施，帮助顾客做出购买的决定。

YES 实战强化训练 1

导购：“美女，一看您就是位精细的人，但活动的具体时间还真是不好讲。一般来说，产品会在重要节日打折，但在那个时候您看中的这款产品不一定还有。像您看中的这款乳液，现在就卖得非常好，店里也没有多少存货了。既然您喜欢，我建议您赶紧下手，如果错过了就太可惜了。”

金牌技巧点拨

“可能”就意味着变数，导购把各种变数帮顾客逐一罗列出来，能让顾客看到自己可能买不到的可能性，也在不知不觉中产生即时购买的冲动。

实战强化训练 2

导购：“美女，按照我在这家店工作几年的经验来看，一般重要节日都会有活动的，但您也知道，我们品牌的化妆品还是很受欢迎的，很多产品一上架没多长时间就卖完了。您看中的这款香水正是我们今年的主推产品之一，就在昨天，我们的另一家店还从我们这儿调货呢！买化妆品其实也看顾客跟化妆品的缘分，比如这款香水，您喜欢，而且也是真的适合您，现在不买的话，要是错过了真的太可惜了。”

金牌技巧点拨

导购以产品热销给顾客制造紧迫感，然后告诉顾客合适的产品是可遇不可求的，更容易激发顾客做出购买决策。

84 情景演练 顾客是过敏性皮肤，害怕使用产品过敏

错误应对示例

1. “化妆品过敏很常见的，您不用太担心。”

高手指点 顾客购买化妆品是为了解决皮肤问题，如果使用过后皮肤过敏，不就是说明产品质量有问题吗？那还用它干什么？

2. “这个您放心，不会有问题的。”

高手指点 回答太简单、太空泛了，顾客根本没有一种得到保障的感觉，不会听了这句话就选择购买。

3. “您放心，这款产品即使过敏性皮肤也可以用的。”

高手指点 这句话回复得还不错，但顾客有可能进一步考虑或者提出其他方面的问题。

WHY 一 深度情景解析

对于这类顾客来说，她们不仅皮肤敏感，内心也比较敏感，在购买产品之前希望能从导购那里得到更多的保证。有时她们并非不相信产品效果，而是对自己的皮肤状况长期没有改善而对产品功效信心不高。这时就需要有一个可以信赖的人为她们加油打气，然后她们才有可能做出购买的决定。

因此，导购能不能成为让顾客信赖的人就是解决问题的关键。导购不应该让顾客的信任停留在表面，而是要让顾客内心信任导购，导购要针对顾客皮肤的敏感程度进行专业判断，让顾客对皮肤改善充满信心。必要时导购可对顾客的皮肤进行抗敏测试，彻底消除顾客的担忧。

YES √ 实战强化训练 1

导购：“美女，您放心，我马上为您解决您所担心的问题。我们一起做个过敏性测验就可以了。我先取适量产品在您手腕内侧涂抹一下，稍等 10 分钟，如果一会儿皮肤呈现正常状态，没有发红、发痒等情况，就可以放心使用。您先坐一会，我给您倒杯水。单子我先帮您开好，如果一会儿没有问题，您就可以放心购买了。”

金牌技巧点拨

导购运用过敏性测验彻底消除顾客的担忧，这样的结果更容易让顾客放心，如果 10 分钟后没有问题，顾客就会马上购买。

YES √ 实战强化训练 2

导购：“美女，这一点请您放心，这套产品只是基本的保湿产品，纯天然植物配方，不含任何有害化学成分，适用于任何类型的皮肤。即使您是过敏性皮肤，使用起来也是安全的，不必过于担心。”

金牌技巧点拨

导购从产品的功效和成分上向顾客说明了产品的安全性，直截了当地消除了顾客的担忧。

85 情景演练 顾客说："产品太贵，买回去没效果怎么办"

NO ✕ 错误应对示例

1. "您用了就知道有没有效果了。"

高手指点 相当于什么也没说，顾客肯定要先知道使用过后能给她带来什么效果才会选择是否购买。

2. "这您放心，我们的产品百分之百有效。"

高手指点 承诺有些夸大其词了，假如顾客用了之后没有效果，该怎么安抚顾客，顾客对整个品牌的产品都不会再信任了。

3. "这是美白效果最好的产品，如果用它都没有效果，那说明您运气不好。"

高手指点 这句话不仅没有解决顾客的问题，反而会引起顾客的不满，对后续的销售不利。

WHY 深度情景解析

顾客担心产品效果，恰恰证明了顾客有强烈的购买意愿，但在做出最终决定前还有一丝犹豫，这时是非常易于促进成交的机遇。导购要意识到让顾客购买的关键是要准确捕捉到顾客的成交机会点，及时解决顾客的担忧，坚定顾客的购买信心。

要消除顾客对产品效果的担忧，导购首先要利用自己的专业知识，以及对产品的了解来减少顾客的担心；其次，要用事实说话，最好拿出一些顾客使用效果的真实案例和客户的反馈等关键数据来消除顾客的担忧；最后，要从顾客心理入手，坚定顾客使用产品的信心，相信产品确实有效果。导购如果能做到这三点，成交就会变得很简单。

导购要想促进销售成功，可以灵活地运用以下技巧。

促进技巧

要注意观察和判断顾客的成交信号

给予顾客一定的信心和赞美

及时抓住信号，针对顾客目前的心理状态，迅速促成交易

要不断尝试，允许失败

YES ✓ 实战强化训练 1

导购：“美女，您放心！我今天为您推荐的祛痘霜完全是按照化妆品选择的三个原则仔细挑选的。第一，它适合您的肤质；第二，在所有产品中它的有效率很高；第三，产品是纯中药配方，不含任何重金属成分和致敏成分，很安全。只要您正确使用和坚持使用，肯定有效果。退一步讲，即使不能百分之百解决痘痘问题，但使皮肤改善肯定没问题的。我帮您包起来吧？”

金牌技巧点拨

导购按照化妆品选择的三个原则向顾客解释说明了产品的效果，但也没有绝对保证一定能根除，而是在言语上留有余地，这样反而更容易让顾客信任。

YES ✓ 实战强化训练 2

导购：“女士，祛斑类产品有很多，每一种都有相应的效果。我今天向您推荐这一款产品，是根据您的皮肤状况选择了同类产品中效果比较好的。这是综合各方面考虑后很合理的决策，和价格无关。既然您也同意选择这款祛斑霜，就要对效果有信心。只要您坚持下去，一定会有效的，请您放心！”

金牌技巧点拨

导购首先跟顾客说明这款产品是根据顾客的皮肤状况做出的专业推荐，然后坚定顾客使用产品的信心，让顾客下定决心购买。

86 情景演练 顾客想要回家问问老婆再做决定

NO ✕ 错误应对示例

1. “哈哈，这点儿小事您还要问老婆啊，您不是‘妻管严’吧？”

高手指点 虽然是在跟顾客开玩笑，但很容易引起顾客的不快，在跟顾客说话时一定要注意言辞。

2. “好的，您有时间可以带您太太过来看看。”

高手指点 虽然表面上是在替顾客考虑，但实际上放弃了成交，忘记了导购本来的职责。

3. “您是男子汉大丈夫，应该能自己做主才对。”

高手指点 很明显，顾客买化妆品是给老婆买的，对于一个需要问老婆意见的人来说，这种说法并没有什么效果。

WHY — 深度情景解析

顾客有这样的反应，说明内心并没有特别兴奋。即使是男性要给太太买化妆品，其成交心理和女性顾客并没有什么区别，反而因为男性的自尊和购买产品的特殊性更容易成交。

要想促成与男性顾客的交易，需要从两方面解决问题：一是在情感上抓住男性好面子的特征，强调该做主时就得做主，果断是男性的本色；二是在理性上要强调产品的独特，必定能给太太带来惊喜。如果顾客仍然有所顾虑，导购可以向顾客保证无效退款来消除对方的犹豫心理。

YES ✓ 实战强化训练 1

导购：“先生，如果是很重要的事，夫妻商量一下是必需的。不过，给您太太买礼物这种事，您完全可以自己做主，再说这是您对太太的心意，如果这也要商量一下，就没有惊喜的感觉了。女人的心理我们女人最清楚了，送给太太的礼物一定要有神秘感，这样她收到后才会更惊喜啊！我帮您包一下吧！”

金牌技巧点拨

导购站在女性的立场上，告诉顾客送礼物要有神秘感，女性更喜欢丈夫能带给她们意料之外的礼物，这样顾客更容易被说服。

YES ✓ 实战强化训练 2

导购：“您真是一位体贴的好丈夫，而且又这么尊重您太太，您太太一定很幸福！这款套装产品是国际一流品牌，能适应任何肤质，使用效果也很好，既然是您太太期待已久的品牌，您买回去做礼物再合适不过了，您太太收到后一定会非常开心。如果您太太觉得不合适的话，一周内都可以调换其他产品的，这一点您不用担心太太不喜欢怎么办。您一看就是做事果断的人，我替您做个礼品包装，免收包装费，也是我们对您太太的一份心意。”

金牌技巧点拨

导购首先表示了对顾客的赞美，拉近与顾客的距离，然后提出产品不合适可以调换，给顾客一个能反悔的余地，最后利用免费包装促成交易。

87 情景演练 顾客的朋友用的同款，她想先问朋友的意见

NO ✕ 错误应对示例

1. “您自己用的产品，为什么不自己做决定呢？”

高手指点 有质疑顾客的意思，容易引起顾客不满，顾客听了这句话更不会购买产品了。

2. “是您很熟的朋友吗？朋友的建议不一定都是对的啊！”

高手指点 导购有搬弄是非挑拨顾客与其朋友之间的关系的嫌疑，顾客不但不会相信，还会认为导购的人品有问题。

3. “您有什么问题问我也行啊，您还不信任我吗？”

高手指点 很容易形成一种尴尬的局面，顾客估计随便应付几句话就赶紧离开店铺了。

WHY 一 深度情景解析

很明显，这是顾客找的借口。一款产品合不合适只有自己最清楚，别人的意见也只是作为参考。就像爱情没有理由一样，喜欢一件化妆品同样也没有理由。因此，当顾客提出要询问朋友的意见时，无非两个原因：一是产品并没有真正打动顾客，二是顾客就是找借口不想买。

导购在回复这类问题时，不要表现得太过于着急，可以先问问顾客朋友的水准如何。如果对方的水准还不错，就可以告诉顾客朋友的选择就是答案。如果顾客坚持要先向朋友了解一下，导购可以建议顾客利用手机打电话了解。如果导购能成功塑造出自己的专业形象，让顾客信任我们的水平，愿意将最终的决定权交给我们，我们也可以替顾客做出决定。

权威促成法有以下使用技巧。

使用技巧

- 从一开始跟顾客接触就要注意塑造专业的形象
- 进行产品介绍和推荐时要注意抓住顾客的心理
- 告诉顾客自己的工作经历或美容化妆方面的专业资格
- 使用范例：“我的专业知识告诉我产品很适合您，请相信我”

YES √ 实战强化训练 1

导购：“我非常理解您的想法，我也同样如此，在买东西时如果拿不定主意，也会问问朋友的意见。但化妆品跟其他的商品还是有区别的，需要针对每个人的皮肤状况做出选择，同时涉及专业的皮肤保养知识。朋友的意见可以作为参考，但更需要接受专业人士的意见。这款产品您刚刚已经亲身体验过了，毫无疑问很适合您。

我是护理专业毕业的，做化妆品销售有5年了，产品的品质、适用性和效果方面的问题我可以负责。如果您有其他方面的顾虑，我们也可以一起解决。”

金牌技巧点拨

导购首先对顾客的想法表示理解，然后说明化妆品跟其他产品的区别，最后通过自己的专业水平促成销售。

YES ✓ 实战强化训练 2

导购：“在做决定前参考一下好朋友的意见也是应该的。冒昧地问您一句，您的朋友平时注重化妆与皮肤保养吗？她的水准和选择产品的要求高吗？”

顾客：“当然了，她的化妆水平和眼光都很好，要不我也就不会问她了。”

导购：“那我知道了，既然是这样，那就不必打扰您的朋友了。就像您说的，您的朋友水准高、眼光准，您又特别信任她，那么她使用了我们的品牌，您还有什么不放心的呢？您可以回去使用一段时间，然后感受一下产品效果，再和您的朋友分享各自使用的经验，这样双方都会有所收获，岂不是更好吗？”

金牌技巧点拨

导购通过询问顾客朋友的水准来引导顾客，由此得到的顾客回答必然是肯定的，然后告诉顾客朋友的选择就是答案，坚定顾客购买的信心。

88 情景演练 顾客想到别的专卖店比较一下再做决定

NO ✗ 错误应对示例

1. “我们店的产品肯定是最便宜的，您不用比了。”

高手指点 顾客购买化妆品，看中的不单单是价格，还要看产品的功效，便宜并不是成交的绝对理由。

2. “几十块钱的眼霜有什么好比较的？哪里都是一样的。”

高手指点 明显在贬低顾客，容易引起顾客的愤怒情绪并引发争吵，不仅会不利于产品的销售，也会对品牌产生不好的影响。

3. “其他店的产品肯定没有我们的齐全，也没有我们品牌好。”

高手指点 在跟顾客沟通时，要切记不能以贬低对手的方式来抬高自己，显得自己很没有气度。

WHY 一 深度情景解析

顾客在购物时经常会把“货比三家”作为推托之辞，其实这是对导购并不完全信任的表现。但化妆品的购买往往是冲动和即时性的，当顾客提出再比较一下时，导购要知道这其实是一个明确的促成信号，如果在此时任由顾客离开店铺，顾客将很难再次踏入我们的店铺。

因此，原则上导购不能轻易就让顾客离开；在思想上，导购要对自己的产品充满信心，坚信能给顾客带来最大的利益；在行动上，不要与顾客进行细节上的纠缠。导购要让顾客明白把时间浪费在对比产品上是错误的，促使顾客当场做出购买决定。

对于顾客提出要比较一下的情况，导购要做好以下四个方面的工作。

应对方法

- 思想上：要坚信自己的产品能给顾客带来最大的利益
- 语言上：强调时间应该放在享受产品上，而不是无休止的比较上
- 行为上：要对顾客比较的行为表示理解，并对顾客要比较的想法表示赞同
- 促成上：利用开单、包装等手段迅速完成交易

YES √ 实战强化训练 1

导购：“美女，我可以理解您想‘货比三家’的想法。看得出来您是一个非常理性的消费者。我们可以明确几个选择化妆品的关键：一是产品的适应性，刚才的产品试用已经证明产品非常适合您；二是服务，我们每一位同事都能为您提供最优质的服务，一定会做到令您满意；三是价格，现在的市场价格透明度很高，同品牌不存在价格比较，不同品牌也没有可比性；四是门店口碑，我

们店铺已经开了十几年了，口碑一直不错。既然这几点很明确，您再花时间去做比较的话，不就有些多此一举吗？您一定能做出正确的决定。”

金牌技巧点拨

导购首先对顾客要比较的行为表示理解，并适当地恭维顾客，然后从选择化妆品的关键点来说服顾客要把时间放在享受上，最后再次赞美顾客，让顾客难以拒绝导购的推荐。

YES √ 实战强化训练 2

导购：“美女，现在化妆品品牌和专卖店都很多，比来比去就更难做出选择了。选择化妆品主要是根据自己的皮肤状况来决定的，我给您推荐的产品能完全满足您护理皮肤的需要。女人最宝贵的就是青春了，美丽不等人啊！说实在话，咱们应该把时间花在享受产品上而不是无休止的比较上，去其他店比较其实并没有什么实际意义。如果您还有什么地方不满意的，可以告诉我，我会尽全力满足您的需要。”

金牌技巧点拨

导购坚信自己的产品能给顾客带来最大的利益，并提醒顾客美丽不等人，这既能让顾客感受到时间的紧迫，也能加快顾客购买进程。

89 情景演练 顾客去别的店比较完以后再次回到店里

NO × 错误应对示例

1. “怎么样，您比较过后还是觉得我们的产品最好吧！”

高手指点 这句话说得太过于自负了，会让顾客反感，顾客既然回来了，一定是有购买的意向，导购要热情招待。

2. “我就知道您一定会回来的。”

高手指点 顾客会认为我们是在讽刺她，从而产生一种不舒服的感觉，即便本来想买，也可能很快就会放弃。

3. “您比较了这么久，浪费了这么多时间，上次直接买了多好？”

高手指点 这有一种埋怨顾客的意味，顾客可能会找各种理由再次拒绝或者干脆直接离开。

WHY 深度情景解析

这是非常值得开心的一件事。顾客去别的店铺比较过后再次回来，这就侧面反映了我们品牌或产品的优势，因此，这个时候不失为一个绝佳的成交机会。不过，回头的顾客往往内心有一些不自在，不希望处于弱势的状态，便会摆出一副只是回来看看的样子，表现得并不在乎。

对于这类顾客，她们是否能够购买在很大程度上取决于导购再次接待时的态度。导购应该对顾客的再次回头表示出更热烈的欢迎，不必在意顾客说什么，即使对方很挑剔也无所谓，只要导购的服务到位，肯定对方的眼光，等顾客情绪放松之后在不知不觉间引导顾客促成交易。

对于再次回头的顾客，导购可以采取以下方法促成交易。

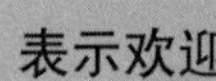

- 表示欢迎 → 您能再次选择我们，我真的非常开心。
- 产品认同 → 经过多方的比较，您对我们的产品更满意，是吗？
- 提供服务 → 您还想再多了解哪些方面？您尽管提出来，我一定尽力满足您。
- 促成交易 → 既然您已经全面比较过了，肯定心里有数了。您这么聪明，一定会做出正确决定的。

YES 实战强化训练 1

导购：“美女，欢迎您再次回来！您经过多方比较之后，应该对我们的产品有更多信任了吧？您还需要了解哪些方面？我可以为您详细介绍一下。您再次回来就是对我们品牌的信任，即使您不买，也是对我们品牌的支持，让我更有信心做好这份工作。如果您还没有考虑好，肯定是我工作上的不足，您可以提出意见，让我改进。您已经全面了解过产品了，您买不买决定权还在您手上，您那么聪明，一定会做出正确的决定的。”

金牌技巧点拨

导购首先对顾客的回头表示欢迎，然后为顾客提供更优质的服务，最后以退为进，等待顾客做出决定。

YES ✓ 实战强化训练 2

导购：“美女，欢迎欢迎，说真的，我还以为您不会再回来了呢！只要您来，我就很开心了，买不买倒是其次。您都去了哪些店，看了什么品牌的产品呢？您给我介绍介绍，让我也有机会学习一下别人的长处，这样我才能更专业地为您提供服务啊！”

金牌技巧点拨

导购对顾客的到来表示欢迎，然后以买不买是其次来让顾客安心自己并不强迫其购买，在展开与顾客的话题交流之后，交易会更容易促成。

90 情景演练 客户打算再考虑一下，想好再说

NO ✗ 错误应对示例

1. “好吧，那期待您下次光临！”

高手指点 对顾客的说法没有正确地回应，相当于放弃了顾客，这是一种非常消极的应对方式。

2. “都已经给您打折了，您还考虑什么呢！”

高手指点 这是一种完全错误的强迫式推销，使本来的优惠也失去了应该有的价值。

3. “就一支口红而已，也没多贵，您还要考虑吗？”

高手指点 这是在暗示顾客买不起的意思，顾客会认为我们看不起她，顾客很容易生气，离开店铺。

WHY 一 深度情景解析

人们在购物时往往会迟疑，尤其是在成交前经常会说出“我打算再考虑一下”的话。顾客表面上是要深思熟虑，实际上这是习惯导致的。即使她们心中仍然存有一丝犹豫，但这并不影响成交，她们只是缺乏做出决定的勇气或者动力，需要有一个有力量的人推动她们做出决定。

其实，除非顾客做出最终决定，否则她们一直处于考虑状态。在促成销售阶段，导购不能把过多的注意力放在分析顾客考虑的原因上，这样不仅延迟了成交时间，还可能让顾客产生更多的疑虑，降低顾客的购买冲动。面对比较犹豫的顾客，导购要用女人对美丽的追求来激发顾客的购买欲望，运用自己的专业知识来帮助顾客做出决定。

对于这类需要再考虑一下的顾客，可以采取帮助她们迅速做出决定的应对技巧。

应对技巧

- 说明理由：这款产品无论是从品牌、品质、价位和使用效果来看，都非常适合您
- 赞美顾客：您是一位做事爽快又大方的人，买化妆品是一件小事，很容易做出决定
- 说出痛点：美女，考虑得越多，皱纹就越多哦

YES ✓ 实战强化训练 1

导购：“美女，考虑得越多，皱纹就越多哦！如果是买房、买车的话肯定要仔细考虑，但买化妆品对我们来说是一件很普通的事。既然您对产品很满意，

试用之后觉得效果也不错，您也不是消费不起，何必为了考虑这件事情而多添一道皱纹呢？难道您不知道总爱皱眉的女人老得快吗？与其花时间给自己制造压力，不如马上决定让自己享受产品带给您的肌肤健康和活力呢！您看，我已经给您开好单了。”

金牌技巧点拨

导购很了解女性购买化妆品的心理，因此一开始就找到了顾客的痛点，触动顾客最敏感的神经，并在适当的时机替顾客做出了决定。

YES √ 实战强化训练 2

导购：“美女，看您挺喜欢这套产品的，还需要考虑什么呢？您是有什么顾虑，还是我有哪些地方没有向您解释清楚呢？您可以告诉我，我一定尽全力帮您解决。您能到我们店选购产品是我们的荣幸，如果没有帮您选到满意的产品，那就是我的失职了。您表现出犹豫就说明我的工作还有很多不足，请您告诉我，让我有机会可以改进，好吗？多谢您了！”

金牌技巧点拨

导购询问了顾客要考虑的具体内容，并把原因归结于自身的工作失职，让顾客不好拒绝。即使顾客不说出原因，导购也能以检讨不足的请求促使顾客开口说出犹豫的客观原因。

91 情景演练 顾客觉得很快下决定有些太冲动

NO × 错误应对示例

1. “美女，既然喜欢您就出手吧！”

高手指点 顾客就是怕太过于冲动才说出这句话，而导购的回复并没有什么实质性的推动作用。

2. “这又不是结婚，只要觉得有感觉就可以了。”

高手指点 这句话一说，顾客可能会与我们争论或者提出其他意见，容易引发顾客的长篇大论，拉长成交时间，不利于最后的成交。

3. “怎么会呢，这就是一支让人一见钟情的口红啊！”

高手指点 对于一些顾客来说这句话确实是适用的，但对方如果是深思熟虑型的就说不准了。

WHY 一 深度情景解析

女性在购物时容易冲动，也害怕冲动。她们在做出购买决策时，脑子里往往会浮现出“冲动是魔鬼”这一念头，然后就会觉得自己决定太快，有点儿冲动。与其说这句话是在问导购，不如说是顾客的自我挣扎。她们其实已经被产品所吸引，只是还需要一个理由来说服自己。

顾客其实不害怕做决定，只是怕做出错误的决定。因此，导购要做的不是判断对方的行为是否冲动，而是要给对方一个足够的购买理由，让顾客自己说服自己。而一个理由不如一句话：“您的决定是正确的，这款产品一定会让您觉得满意的。”导购要帮助顾客的感性战胜理性，让顾客想象获得产品给自己带来的好处，这样就能迅速成交。

对于这类顾客，导购可以从以下三个方面来进行说服。

有钱、有能力、有需要的人才会冲动，冲动是一种资格

您能为自己的美丽做主，先冲动，后拥有

冲动是女人的骄傲，女人天性就是冲动的

YES ✓ 实战强化训练 1

导购：“美女，我们作为国际知名的化妆品牌，没有听说过有谁因为买了我们的产品而后悔的。像我这样的人没有多少钱，想冲动也没有办法。说实话，这个品牌就是为您这样有品位、有气质、有财力的美女准备的，产品与您的搭配绝对是完美的。您使用后的良好效果也会让更多的爱美女士跃跃欲试呢！就算是冲动，也是会让我们羡慕的冲动啊！”

金牌技巧点拨

导购首先就顾客所担心的事情下了个结论，然后得出“冲动也需要有资格”的结论，并对顾客进行赞美，从而激发顾客的购买冲动。

YES ✓ 实战强化训练 2

导购：“美女，您怎么会这么想呢？冲动是我们女生的专利呀！我们在看到自己喜欢又合适的化妆品时，肯定是要赶紧下手的啊！如果这还需要像买房子一样考虑地段、户型、朝向等，那这化妆品买得还有什么乐趣呢？我给您开单吧！”

金牌技巧点拨

导购首先向顾客强调了事实——冲动是女人的专利，然后举出买房子的例子，让顾客对此产生共鸣，最后趁机提出开单要求。

92 情景演练 顾客买单后，如何进行关联销售

NO ✗ 错误应对示例

1. “夏天马上到了，您需要带支防晒霜吗？”

高手指点 虽然有一定的关联性和技巧，但如果能全面掌握顾客的信息，会有更好的效果。

2. “您还有其他需要的吗？”

高手指点 没有任何目的性，顾客听到这句话之后不会有明确的意向，效果基本为零。

3. “我们的彩妆非常不错的，您需要再选点儿吗？”

高手指点 没有提供出产品彼此之间的关联性，顾客通常会直接拒绝，最好推荐与顾客购买的产品有所关联的产品。

WHY 深度情景解析

关联销售指的是在顾客成交后，导购根据顾客购买产品的情况和需求满足度，向顾客提出配套使用产品的购买建议，从而创造再次销售的机会，扩大顾客的购买量。这样既能帮助顾客进一步实现美丽的梦想，也能增加导购的销售额，可以说是顾客与导购的双赢。

要想做好关联销售，需要满足以下几点要求：首先，店铺的商品一定要

丰富，要能满足顾客的各种需求；其次，要依赖导购的推销技巧；再次，店铺的销售氛围和团队之间的配合也很重要。不过，关联销售最重要的基础是顾客已经对导购建立的充分信任度以及导购对顾客需求的探寻能力和激发欲望能力。

关联销售主要有以下四种方法。

促销品、特价品、季节性产品、新品上市都可以作为关联推荐的突破口

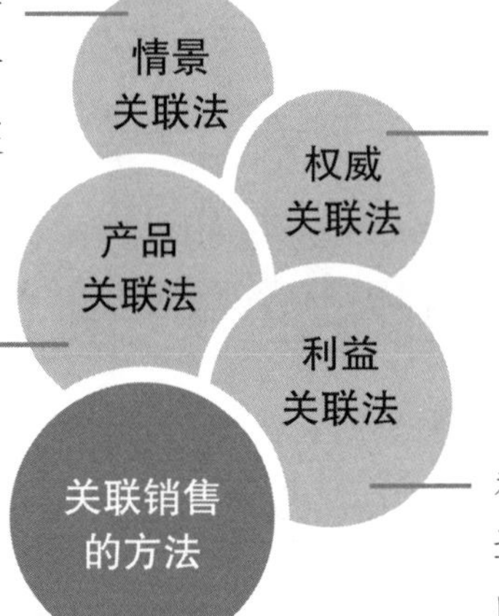

利用有影响力的第三方，如请店长进行专业的美容指导就是其中的一种

比如，润唇膏和口红通常一并使用，顾客购买其中一种，即可推荐另外一种

利用一些额外的利益促进顾客购买，如会员卡的推荐、积分计划等

YES √ 实战强化训练 1

导购：“美女，这是您选购的产品，请您收好！眼看就是夏天了，天气会变得越来越热，阳光也越来越强了，不做好防晒很容易被晒黑晒伤的，长期被紫外线直射还有可能引发皮肤癌。前面您提到过没有购买防晒霜，需要我为您介绍一下吗？现在开始采取防晒措施，时候正好。”

金牌技巧点拨

导购在完成了开单和收银动作之后开始进行关联销售，利用情景关联法向顾客推荐防晒霜，抓住顾客还没有购买防晒霜的绝佳机会，向顾客普及防晒知识，使推荐更容易成功。

YES √ 实战强化训练 2

导购：“美女，这是您的保湿套装，请您收好！有一个好消息要告诉您，我们店这周刚到了一款彩妆套盒。国庆节快到了，像您这样的美女在黄金周期间肯定有很多娱乐活动，那时候肯定需要化一些特别漂亮的宴会妆，一定需要购买彩

妆产品。我们这里的彩妆套盒就非常适合，不仅产品种类齐全，眼影和唇彩、眼线笔和眼影刷都配备齐全，还有精美礼品赠送给您，一个非常漂亮的化妆包，很高档，刚好能帮您把今天购买的产品都装进去。机会难得，您可以考虑一下。”

金牌技巧点拨

导购根据即将到来的节假日，有针对性地向顾客推荐了彩妆套盒，并利用利益关联法促进顾客购买，如赠送化妆包等。

93 情景演练 如何引导顾客办理会员卡

NO ✕ 错误应对示例

1. “还差 60 元就可以办理会员卡了，您再选点儿别的产品吧！”

高手指点 销售意图太明显了，顾客肯定会产生反感情绪，也不会为了一张没什么附加价值的会员卡就多花钱。

2. “美女，我向您介绍一下我们的会员卡吧！”

高手指点 导购的推销目的太过于直接了，顾客往往不会听我们不符合其需求的介绍，而是直接拒绝我们。

WHY 深度情景解析

现在 80%以上的化妆品门店都有会员服务，这样做的目的是稳定客源，提升老顾客的忠诚度。导购在顾客成交后主动推荐会员卡，除了可以稳定客源之外，还能利用会员卡提升顾客购买金额，特别是对购买金额大，只差少量金额就符合办卡标准的顾客尤为重要。

导购要想成功引导顾客办理会员卡，就要满足顾客对更高价值的追求。顾客有了会员卡，就意味着她们可以享有更尊贵的身份和更体贴的服务。导购要向顾客强调会员卡是尊贵身份的体现，让顾客觉得只要再花一点儿钱就可以获得更好的服务，这样顾客也会很乐意接受这种荣誉。

要想成功引导顾客办理会员卡，导购可以采用以下方法。

成为我们的VIP顾客尊贵无限，惊喜连连哦！

利益促成法

您这么相信我，真希望能长期为您提供最好的服务

情感促成法

直接开口法

美女，需要我向您介绍一下我们店的尊贵会员计划吗？

实战强化训练 1

导购：“美女，您消费了1389元，按照我们的规定，单次消费1500元以上就可以成为我们的VIP顾客。您只差100多元了，是不是考虑一下呢？”

顾客：“办会员卡有什么好处？”

导购：“美女，成为我们的会员顾客可是尊贵无限哦，这里有会员手册，您可以看一下。我现在说一下会员的五大尊贵服务吧：一是购物可以享受8.5折优惠；二是生日当天购物一律5折；三是产品买贵退差价；四是不满意的产品30天内免费换；五是不限次数化妆及修眉。除此之外，还有其他的会员沙龙、年度积分换礼品等活动，我就不一一说了。您今天都买了1300多元的产品了，再选购100多元的产品很容易。您可以选一套化妆工具，寄存在我们店，以后化妆就不需要用别人的工具了。能够为您这样的美女长期服务，可真是我的荣幸。”

金牌技巧点拨

导购向顾客强调了会员卡是尊贵身份的表现，并且向顾客介绍了办理会员卡之后能够享受到的尊贵服务，让顾客有一种很超值的感觉，很容易推荐成功。

实战强化训练 2

导购：“美女，通过与您的接触，我感觉您不仅有品位、有眼光，还很懂得保养自己，可以说是现代女性的典范啊！能够为您服务是我的荣幸，希望有机会能长期为您提供最优质的服务。因此，我非常真诚地向您推荐我们店为最尊贵顾客提供的会员卡。占用您几分钟时间，让我为您介绍一下吧？”

金牌技巧点拨

导购用恰当的语言对顾客表示了赞美，然后采用“直接开口法”向顾客推荐会员卡，并说明了会员卡的尊贵性，让顾客产生了解的兴趣。

94 情景演练 如何为顾客开单收银

NO × 错误应对示例

1. “请问您是现金，还是刷卡呢？”

高手指点 导购与顾客对话的流程太过于程序化了，并没有让顾客感受到导购的服务热情。

2. “一共是 180 元，谢谢！”

高手指点 话语太平淡了，顾客不会产生特别的感觉，离开之后也不会对店铺有什么印象，下次进店购买的可能性很小。

3. “这是找您的零钱，您收好。”

高手指点 导购没有主动提醒顾客核对余额，违反了唱付的原则，一个优秀的导购一定要会唱收唱付。

WHY — 深度情景解析

到了开单收银这个阶段，就已经标志着销售成功了。对顾客来说，她们获得了满意的产品，憧憬着以后会变得越来越美丽。对导购来说，努力与付出得到了顾客的肯定。对门店来说，创造了销售额，达成了营业目标。这对于顾客、导购以及化妆品门店都是共赢的一件事。

想要完成一项出色的收银工作，并不是程序标准那么简单。一名优秀的导购在收银时要达到内外一致。“外”是指导购要按照唱收倡

付（唱收唱付指的是在收款时说出收款的钱数，找零时说出找零的钱数，防止出错）、先开票后收款，现金、产品、收据、找零给顾客时双手呈递等过程一丝不苟地完成；而“内”是指导购发自内心地替顾客高兴，以真诚的微笑和祝福向顾客表示感谢，为顾客创造快乐的购物氛围。

在开单与收银环节，有以下基本技巧。

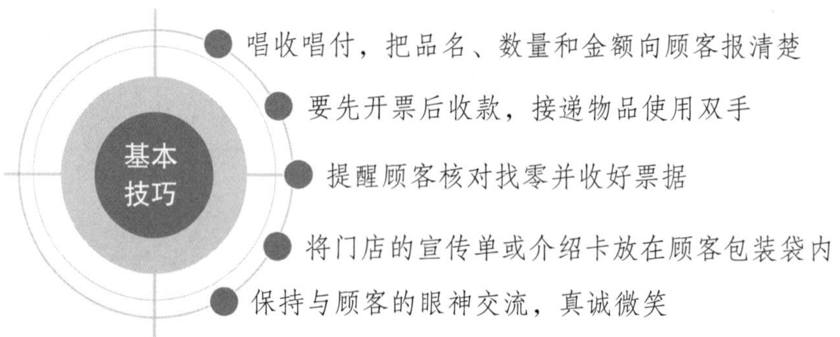

YES ✓ 实战强化训练 1

导购：“女士，您选的这款彩妆套盒是×××元，您是现金、刷卡，还是支付宝？”

顾客：“刷卡吧，给你。”

导购：“好的，女士，您可以输密码了（做出示意手势，等待顾客完成后，把刷卡账单递给顾客）。付款成功，请您在这里签一下名。好了，本次收银已经完成，这是银行单和收银小票，您收好。产品已经替您包好了，里边有几份我们的宣传单，有最新的夏季皮肤保养知识和一些产品优惠券，您下次购物时可以使用，也可以送给您的朋友，谢谢您的光临！”

导购把品名、数量和金额都跟顾客报了一遍，并主动询问顾客支付方式是现金、刷卡或者支付宝，在收银完成后提醒顾客收好票据，并对放入产品包装袋内的宣传单进行说明。

YES ✓ 实战强化训练 2

导购：“女士，谢谢惠顾！您这次选了乳液、眼霜和面霜各一件，共计 487 元。”

顾客：“嗯。”

导购：“好的，收您 500 元。”

导购：“女士，这是找零13元，您点一下！收银小票也请您核对一下，这张小票是我们店的售后服务凭证，您可以凭票换取积分，上面有我们的网址和客服电话。如果您想了解美容化妆方面的最新信息或更优惠地购买我们的产品，可以拨打客服电话或登录网站，有专人为您服务，请您保管好。”

顾客：“好的。”

导购：“好了，这是您的产品，已经帮您包装好了，您清点一下。再次感谢您对我们品牌的支持，祝您越来越美丽，越来越开心！”

金牌技巧点拨

导购清晰地报出了顾客的买单产品，接下来通过唱收唱付避免彼此产生金额上的混淆，并说明售后事宜，最后对顾客真诚地祝福。

第八章

Chapter 08

提高顾客忠诚度情景口才训练与实战技巧

销售口才

交易的结束并不代表销售工作的终止。最好的潜在顾客就是目前的顾客，有经验的导购在稳定的老顾客身上能实现大部分的销售额。要知道，虽然销售是第一位的，但如果有了售后问题，那么售后的重要性一定高于销售，没有良好的售后就没有持续的销售。

95 情景演练 顾客购买产品后离开店铺

NO × 错误应对示例

1. “王女士，我们下周有新品，到时候过来看看啊！”

> **高手指点** 导购跟顾客的推荐过于随意，无法引起顾客再次购买的冲动。

2. “谢谢您的光临，欢迎您下次再来！”

> **高手指点** 回答过于标准化，缺乏热情，如果顾客对店铺产生不了深刻的印象，是很难再来的。

3. “请带好您的随身物品慢走，欢迎下次光临！”

> **高手指点** 如果导购能把“慢走”改为“走好”的话，可能要更适合现代人的说话方式。

WHY — 深度情景解析

门店销售的最后环节就是送别顾客。导购巧妙地送别顾客，能让顾客怀着愉快的心情离店，而且顾客还会对门店留下良好印象，并期待下次再来时能有更好的服务体验。因此，导购的送客水平非常重要，决定了是否能给门店创造源源不断的顾客群，维持经营。

无论顾客是否购买了产品，导购都要以真诚的微笑和发自内心的感激送别顾客。不管是不是自己的精准顾客，每一位顾客离店时，导购都要送上温暖的祝福，不仅要把顾客送到门口，还要目送顾客离开，直到看不见对方的背影为止。只有这样做，顾客才能感受到我们的真诚。她们不仅会成为回头客，还会为店铺带来新顾客。

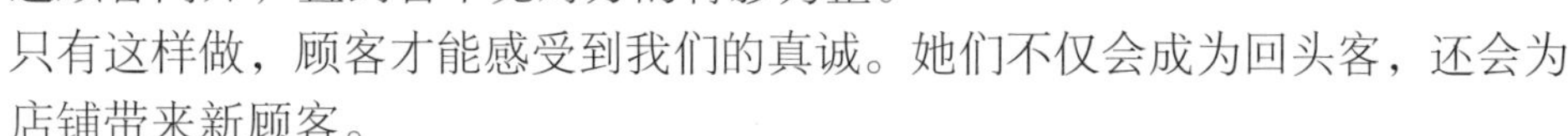

对于不同的顾客离店，可以采用以下不同的送别技巧。

老顾客	成交顾客
我送您到店门口，您记得周日逛街的时候来看看我，我会想您的	谢谢您的光顾，希望有机会继续为您提供服务
请您走好，即使您没买东西，也要记得我们，常来看看	谢谢您成为我们的 VIP 顾客，我们全体成员都很感谢您
未成交顾客	新 VIP 顾客

实战强化训练 1

导购：“王女士，感谢您今天能成为我们的会员顾客，不仅是我个人，我们所有同事都想向您表示真诚的感谢，谢谢您对我们的关照和支持！也请您把我们的微笑和祝福带回去，以后有时间常来，希望我们门店能成为您美丽路上的加油站。”

金牌技巧点拨

当送别新 VIP 顾客时，导购先表示了感谢，然后告诉顾客，店铺的所有同事都很感谢她，这会让顾客感受到导购对她的重视，从而增强顾客对品牌的好感度。

实战强化训练 2

导购：“王女士，在这个月 10 号我们店将举行 8 周年店庆活动。届时我们店会推出很多新老顾客真情回馈活动，有进店有礼、会员资格赠送、购物有礼和买满即送等多种形式的活动，请您一定要来看看，也欢迎您和您的朋友一起来。您到时候记得找我，我会留一份精美礼品给您。”

金牌技巧点拨

导购通过告知老顾客店铺相关的店庆促销活动，激起老顾客的下次购买的意向，邀约老顾客再进店购买。

实战强化训练 3

导购：“美女，虽然您这次没有选中满意的商品，但还是希望您能记住我们的店，有时间可以常来看看。如果您有喜欢的化妆品而我们店没有，您可以告诉我一声，我们会想办法帮您找到的。即使您不买，常来我们这儿逛逛，我们也很欢迎，请您走好！”

金牌技巧点拨

导购对于没有购买产品的顾客也给予了热情的接待，即使顾客当时没有买，可能也会因为导购的良好态度成为再次上门的顾客。

YES √ 实战强化训练 4

导购：“谢谢您对我们店铺的关照，虽然与您接触的时间不长，但能感受到您的亲切，很高兴能够为您服务，也希望有机会能长期为您服务，希望本次服务能令您满意。我是×××，工号是 08，您下次来请记得找我。希望我们的产品能带给您最好的效果，让您更美丽、更开心，请走好！”

金牌技巧点拨

导购首先对顾客的购买表示感谢，并提出为顾客长期服务的请求，然后提醒顾客记住自己，最后提出对顾客的祝福。

96 情景演练 成交后的顾客心理引导

NO × 错误应对示例

1. “谢谢，我帮您把产品包一下。”

高手指点 导购只是按照常规的程序来对待顾客，没有激发顾客内在的快乐和满足感。

2. “美女，您别忙着照镜子了，您已经很漂亮了。”

高手指点 导购直接打断顾客的自我想象和快乐，会让顾客心理不满，影响后期销售和店铺形象。

3. “您要是觉得使用效果好，别忘了向朋友推荐。”

高手指点 导购提出的转介绍要求太过于急切了，会影响顾客刚买到产品的兴奋度。

WHY 一 深度情景解析

对于很多女性来说，有时购买化妆品不仅仅是为了使用产品，而是为了享受购买这种行为带来的乐趣，享受某件物品被自己占有的瞬间感觉。可以说，在达成交易的瞬间，顾客拥有的快乐要远远胜于顾客在使用产品时的快乐，但这种快乐是短暂的。导购要尽可能延长顾客的兴奋时间，让顾客能获得更长久的快乐，这样才算是一次完整的销售。

对于成交后的顾客心理引导，就是在顾客同意成交之后，通过对顾客的热情接待和赞美，让顾客充分感受购物的快乐，使其迅速进入一种自我暗示的兴奋状态，同时也要祝福顾客有最好的使用效果，让顾客在还没有开始使用产品前就能从中收获快乐，这才是顾客真正想要的，也是最能让顾客感受到快乐的购物体验。

成交后的顾客心理引导有以下技巧。

给顾客的赞美

要像冬天的阳光一样给人以温暖

给顾客的眼神

要像看到童话中的白雪公主

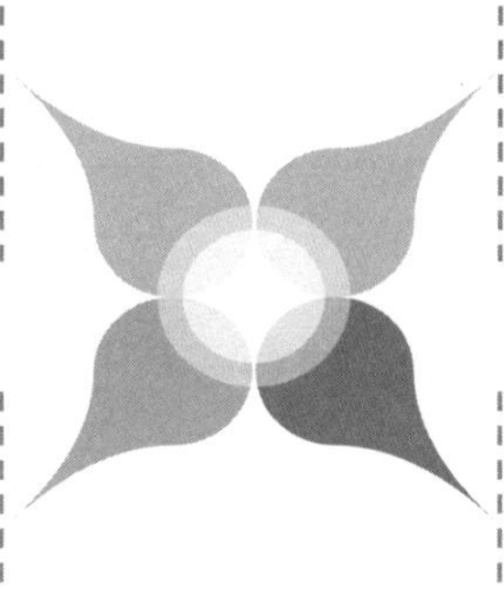

给顾客的肯定

要让顾客自我暗示，心生喜悦

给顾客的笑容

就像看见她的男朋友拿着 99 朵玫瑰送给她

YES ✓ 实战强化训练 1

导购：“好漂亮啊，我好像看见童话里的白雪公主了！想不到这几款口红、粉底、眼影等普通彩妆在您脸上有这么完美的效果，也不知道是您天生皮肤好，容易上妆，还是产品选得好，都比得上我们品牌代言人的宣传效果了，真是让人羡慕啊！”

金牌技巧点拨

导购一开始就不断赞美顾客，尤其是把顾客比喻为品牌代言人，一定能收到非常不错的效果，让顾客听了心花怒放。

YES √ 实战强化训练 2

导购：“美女，您真有眼光！我们这里有这么多款眼影，您一眼就挑中了它，使用效果也这么出色，简直是为您专门设计的。难怪您这么干脆就决定了，看来您和这款眼影之间很有缘分啊！”

金牌技巧点拨

导购对顾客的眼光表示了肯定，然后称赞了产品的使用效果以及产品对顾客的适用性，让顾客对自己做出的正确决定感到更加满意和开心。

YES √ 实战强化训练 3

导购：“美女，真是不得不佩服您的眼光！说实话，您刚刚在挑选口红颜色的时候我还稍微保留了一点儿个人意见，但现在我完全服了！没想到您对色彩的敏感度比我做了 7、8 年美容化妆品的人还厉害，真要向您好好学习一下！”

金牌技巧点拨

导购给予顾客极大的肯定，拿自己 7、8 年的工作经验与顾客相比，突出顾客在这方面的专业性，让顾客心生欢喜。

97 情景演练 顾客不想留下自己的个人资料

NO × 错误应对示例

1. “您是我们的会员，所以要登记一下您的个人资料。”

高手指点 跟顾客解释得不够明白，顾客不会情愿留下资料的，毕竟现在大家对自己的隐私都很在意。

2. “美女，您方便留一下个人资料吗？”

高手指点 问话太过于冒昧了，顾客不仅不方便，还会对我们的问话感到害怕，毕竟只是买个化妆品，为什么还要留个人资料呢？

WHY 一 深度情景解析

对门店来说，顾客在消费以后留下个人资料是其终端管理和维护顾客关系的必要手段，但对顾客来说这是有风险的。大部分的顾客不愿意留下资料，除了担心被电话骚扰外，更害怕个人资料外泄，给自己带来不必要的麻烦。这是顾客对自身安全防范的自然反应，因此不愿意留下个人资料也是很正常的。

为了让顾客不介意留下个人资料，消除顾客的防范心理，导购要做出保证顾客资料安全的承诺，并做好准备工作，使填写的手续变得不费事、不费时。此外，导购也要强调留下个人资料能给顾客带来的好处，如通知促销信息、生日礼品、新品等。当顾客的安全感和价值感同步提升之后，顾客自然就放心了。

要想让顾客留下个人资料，导购可以运用以下技巧。

说明安全性

我们会严格保护您的资料，绝不外泄，您放心

说明利益性

要是有促销活动或新品上架，我们可以及时通知您

说明简单性

您只要留一下姓名和联系电话就可以

说明便利性

您要是嫌麻烦，您说我填，只需要 1 分钟

YES ✓ 实战强化训练 1

导购：“美女，您不用担心，留下您的资料没有别的意思，因为您购买的金额比较大，购买档次也高，选择的产品也有代表性，说明您是很有水平的一位顾客，所以我们希望能和您保持长期的互动联系。您放心，我们会严格保管您的资料，绝不外泄。要是有店庆、促销、特卖场、新品等活动，我们可以及时发短信通知您，尤其是美容沙龙，我们会邀请专业的美容师为顾客提供个人护

理方案，如果不能通知到您，您不就错过了重要的护理知识了吗？这样多可惜啊！另外，当您生日时，您可以凭着发给您的生日祝福短信到店里领取一份精美的生日礼品。可以这样说，留下您的个人资料有很多好处。如果您怕麻烦的话，我替您填写吧，您的姓名是……”

金牌技巧点拨

导购首先对顾客选择产品的眼光和水平表示赞美，然后通过充分说明留下个人资料后顾客可以得到的好处，让顾客很难拒绝，最后直接提出替顾客填写，顾客就更没有理由拒绝了。

YES √ 实战强化训练 2

导购：“如果您觉得填写比较麻烦的话，您直接说，我替您填写就行。我们需要的资料非常简单，您只需要留下姓名和联系方式就可以了，1 分钟就能轻松搞定，比您补一下口红还快！请问美女您贵姓？”

金牌技巧点拨

对于怕麻烦的顾客，导购要求主动替其填写，并说明填写资料并不烦琐，从而消除了顾客怕麻烦的心理。

YES √ 实战强化训练 3

导购：“您是在担心留下个人资料会外泄和不安全吧？这请您放心，我们是有严格规定的，所有的顾客资料都是保密的，绝对禁止外泄，所以我们的顾客资料都是很安全的。而且我们也不会随便骚扰您，如果有新品、促销、美容沙龙等活动信息，一般会以短信的方式发送给您，不会给您带来任何不便，您不必担心信息安全和被骚扰的问题。”

金牌技巧点拨

对于比较保守、担心资料会被外泄和不安全的顾客，导购重点强调了个人资料的安全性，并阐明了填写个人资料能给顾客带来的利益，消除顾客在这方面的担忧。

98 情景演练 如何请求老顾客转介绍新顾客

NO ✕ 错误应对示例

1. “宋女士，能为我们店介绍一些新顾客吗？”

高手指点 直接开口让老顾客转介绍，少了一些铺垫和温暖，会让老顾客心里有一些抵触。

2. “美女，如果用得好，可以向朋友们推荐一下我们品牌。”

高手指点 只是随意地向顾客嘱咐了一句，顾客根本不会有转介绍的意向，这句话转头就会忘。

3. “张女士，您有时间和朋友们一块儿逛街，可以顺便到我们店看看。”

高手指点 没有给出具体的时间以及能给顾客带来的利益，因此顾客的配合度不会很高。

WHY 一 深度情景解析

导购的基本职责之一就是请求老顾客介绍新顾客，这样才能给门店创造更多的客源。导购要利用和老顾客已经培养出的感情，自然地提出转介绍的请求，只要导购的方法正确，找的机会得当，大部分的顾客是乐意帮忙的。

让顾客转介绍的时机一般是在顾客得到了满意的产品和服务而感到很高兴的时候。导购可以把顾客看作是家人，以女性爱交流和爱攀比的心理来刺激、引导顾客主动分享。

即使对于很熟悉的老顾客，导购也要给出一个合理的理由，如促销活动、新品上市等，这会让转介绍的成功率更高。

要想让老顾客转介绍新顾客，导购可以采用以下方法。

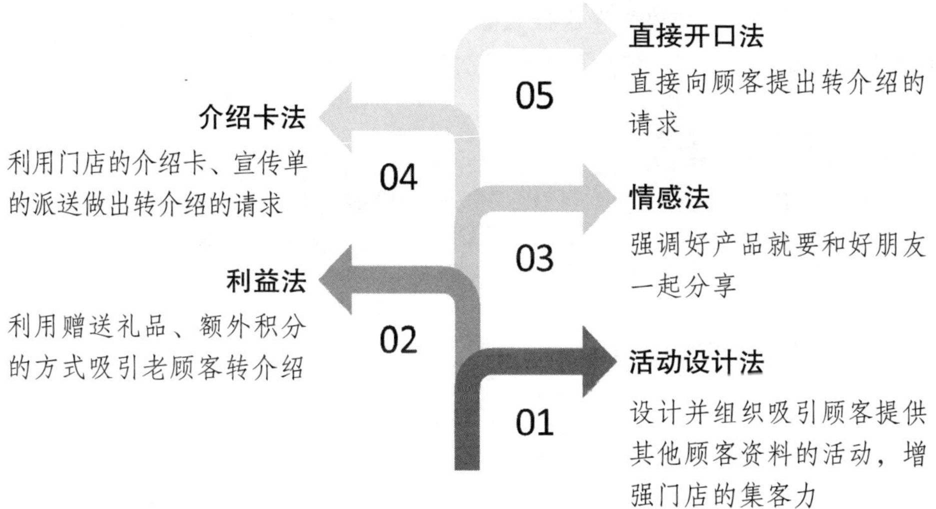

实战强化训练 1

导购：“赵女士，这是我们店的介绍卡，凭借这张介绍卡在我们店购物可以享受 9 折优惠，您可以送给有需要的朋友。您放心，您介绍的朋友过来，我一定会特别热情地接待，让您很有面子。如果我们的产品能帮到您的朋友，我们会感到很开心的。为了感谢您的推荐，我们会送您的朋友消费金额的等值积分给您。等到黄金周活动，还有礼品赠送。介绍卡是限量发送的，您收好，别浪费了。”

金牌技巧点拨

导购利用门店配置的介绍卡，向顾客提出转介绍的请求，并明确了顾客推荐成功后能获得的好处，这样很容易让顾客有动力做这件事。

实战强化训练 2

导购：“赵女士，我一直都觉得您是一个非常热心的人，朋友又多，喜欢分享。今天有一个好消息要告诉您，我们店刚推出了‘爱分享，爱美丽’活动。如果您对我们的产品很满意，您向朋友们分享保养经验的时候别忘了介绍一下我们店。如果有 3 位以上您介绍的朋友到我们店购买产品，您将获得我们特别为您准备的一套精美、实用的彩妆工具。您可以多拿几份宣传单，需要时可以赠送给您的朋友，也可以先在这张表格上登记下您朋友的名字。这样做既能帮助朋友，对自己也有利，何乐而不为呢？”

金牌技巧点拨

店铺利用“活动设计法”设计了可以吸引顾客提供其他顾客资料的活动，顾客能从中得到利益，而且对于本就乐于分享的女性来说这并不难。

实战强化训练 3

导购：“美女，我们女孩子经常会和好朋友分享买化妆品和皮肤护理的经验，毕竟快乐要和好朋友一起分享，这样才会变成双份或者更多的快乐。既然这款眼霜本身就是您的好朋友向您推荐的，所以您使用之后感觉效果不错的话，也别忘了向您的同事和其他亲朋好友推荐一下。”

金牌技巧点拨

导购利用“情感诉求法”强调好产品就要和好朋友分享，并说明这样做既能给自己带来快乐，也能让朋友享受到同样的快乐，从而让顾客得到心理上的满足。

99 情景演练 顾客问：“这款口红不太合适，可以换吗”

错误应对示例

1. “很抱歉，这支口红您已经拆开使用了，公司规定不能再换了。”

高手指点 导购对待顾客太冷淡了，如此不客气地拒绝顾客，会导致顾客的面子受损，顾客对导购的印象也不会很好，同时也影响店铺的形象。

2. “好的，您稍等一下，我马上给您换。”

高手指点 过于轻易地答应顾客，顾客可能会认为这款产品就是有问题，换货很容易变成退货。

3. “我今天换给您的话，您能保证下次不再换了吗？”

顾客可能会想：只要这次的问题解决了，下次换家店买不就行了。

WHY 一 深度情景解析

女人在购买化妆品时是冲动、感性的，这种情绪可能让她们很快就决定购买，但情绪的多变也会带来很多意想不到的变化，昨天才开心地把产品带回家，今天就回来调换。如果只是要求调换，这样的顾客问题的解决不算麻烦，换货是她们给导购和自己找的共同台阶，如果处理不当，她们可能直接要求退货。

无论顾客是因为什么原因要求换货的，导购都要先安抚好她们的情绪，再了解顾客换货的具体原因。如果产品很适合顾客，顾客只是因为听到他人的一些否定的话而提出换货要求，导购就要再次向顾客说明产品的价值，坚定顾客的信心。如果顾客仍然坚持要换，导购要按照店铺规定妥善处理，尽力让顾客选到满意的产品。如果导购处理不当，换货很容易演变成退货。

对于顾客要求换货的不同原因，有以下不同的处理技巧。

跟顾客讲述两支口红的故事

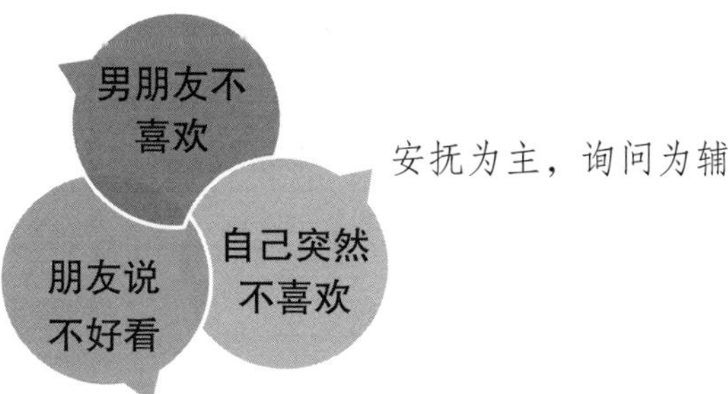

您当时对它一见钟情，换来换去，会越换越没感觉

YES ✓ 实战强化训练 1

导购：“美女，您先别着急，我们就是为顾客服务的，我一定会负责到底，妥善处理的。您可以告诉我，您昨天那么开心地买回去，为什么还没用就觉得不合适呢？”

顾客：“我买回去之后，正想用呢，我的几个朋友都说这个颜色不适合我。”

导购：“那我明白了，选口红最重要的就是第一感觉，昨天您选口红的时候对这个颜色一见钟情，我让您试一下您都说不用了。其实我觉得这个颜色也是非常适合您的，而且口红的实际效果和色板上有点儿偏差。这样吧，我给您化个生活妆，配上这款口红，您再看看效果，一定很漂亮的。您要相信您自己的眼光和感觉，自己觉得好看最重要了。您这边坐，我马上给您化妆。”

金牌技巧点拨

导购首先安抚了顾客，然后了解顾客换货的原因，在了解原因之后开始说服顾客，最后通过帮顾客化妆的方式，证明顾客的选择没有错，这样一来顾客自然会打消换货的要求。

YES ✓ 实战强化训练 2

导购：“美女，我可以看一下产品和收银小票吗？（向顾客索取凭证并检查产品，确认不影响二次销售）好的，这支口红是您昨天购买的，还没有使用，您可以调换其他颜色的产品。不过您购买时应该是仔细挑选的，为什么没用就感觉不合适呢，有什么特别的原因吗？”

金牌技巧点拨

导购在检查商品没有问题之后，先向顾客表明可以退换，安抚了顾客的情绪，然后开始了解顾客要调换的原因，最后针对顾客要求换货的原因对症下药。

YES ✓ 实战强化训练 3

顾客：“我男朋友不喜欢这支口红的颜色。”

导购：“我明白了，您一定没有听过两支口红的故事。”

顾客：“什么是两支口红的故事啊？”

导购：“一位杰出的婚姻专家说，恋爱的女人一定要有两支口红，一支是自己买的，另一支是男朋友买的。自己喜欢的自己买，男朋友喜欢的男朋友买。男朋友选的那支不仅要选颜色，还要选味道，因为这是爱情的味道。这支口红是您买给自己的这一支，自己喜欢就可以了，不需要换；男朋友买的那支您得和男朋友一起来选，您看着他选，看他选什么品牌，选什么价格，选什么颜色，选什么味道，因为这是爱情的品牌，爱情的价值，爱情的颜色，爱情的味道。您打算什么时间和男朋友一起过来？”

金牌技巧点拨

导购跟顾客讲述了两支口红的故事，顾客听完之后可能不再要求退货，还有可能把男朋友叫来再买一支其他颜色的口红。

100 情景演练 顾客抱怨："卖的时候说得很好，使用没效果"

NO ✕ 错误应对示例

1. "您放心，主要是您使用的时间还不够长的原因，您坚持使用就有效果了。"

高手指点 能对顾客起到一定的安慰作用，让顾客能稍微安心，可以应对比较好商量的顾客，但对于难缠的顾客没什么用。

2. "您才用了没几天，哪有这么快见效的，这是化妆品，不是仙药！"

高手指点 这么回复顾客摆明了是在推卸责任，顾客不会对这种回答感到满意的，肯定会和我们争吵起来，对双方都不利。

3. "这是祛痘的最好产品了，如果这个都没效果的话，我也没有办法了。"

高手指点 这又是一种推卸责任的态度，顾客也许不会发火，但我们将永远失去这位顾客的信任。

WHY 一 深度情景解析

在使用化妆品之后，我们一般需要等待一段时间才能看到明显的效果，而且化妆品的效果也是因人而异的。因此，导购难免会遇到化妆品售出后，收到一些顾客因使用效果不佳或没有效果的投诉，尤其是一些功能性的化妆品如美白、祛痘、祛斑、抗皱等，更是投诉的集中区。

化妆品没有效果的原因有很多，导购一定要了解清楚具体是什么原因导致的。如果是顾客的原因就予以纠正，如果是产品本身的原因要坦率地承认，提出合适的解决方案，不能推卸责任。如果能把顾客的问题处理得当，双方的关系就得到维护了，这也是再次销售配套产品的好机会。

顾客使用化妆品效果不明显，一般是由以下原因导致的。

五大原因

- 顾客使用产品的方法不正确
- 化妆品本身不适合顾客的皮肤状况
- 顾客缺乏耐心，希望在很短的时间内就有明显的功效
- 使用期间因生活无规律、疾病、药食冲突导致的
- 顾客对化妆品的功效存有过高的期望

YES √ 实战强化训练 1

顾客：“这个祛斑霜没有什么效果，我都用了快1个月了，也没有什么改善。”

导购：“女士，您是不是按照我要求的步骤正确使用的呢？”

顾客：“是的，我就是照您告诉我的步骤使用的，而且这1个月都没敢出门，怕被太阳晒。”

导购：“那您使用产品之后，脸上的斑有没有恶化呢？”

顾客：“恶化倒是没有，还是跟以前一样。”

导购：“我完全理解您的心情，说实话，祛斑也是美容产品最头疼的问题了，祛斑过程确实需要比较长的时间，除非是添加了重金属或有害化学成分的产品见效才快。我们这款产品强调的是安全祛斑，分为三步：第一步是阻斑，第二步是淡斑，第三步是祛斑，连续使用3个月以上才会有明显效果。您现在使用时间不到1个月，还正处在第一步的阻斑阶段。斑点没有进一步恶化就说明产品有作用了，您要有一点儿耐心，也要对产品多一点儿信心。如果您想祛斑效果更有保障的话，建议搭配上我们的美容胶囊，能有效地补充维生素，内调外敷，效果可能会快很多。”

金牌技巧点拨

导购先询问顾客的一些情况，确定不是使用方法错误或产品本身的原因之后，从祛斑步骤的角度向顾客解释，表明祛斑需要一定的时间，让顾客放下怀疑，并趁机推出了配套产品的销售。

YES √ 实战强化训练 2

导购：“美女，您说这个眼霜使用效果不好，我可以了解一下您的使用时间和目前改善的程度吗？您说得越详细，我就越容易帮您找到原因，解决问题。”

顾客：“我是这个月10号买的，每天都在用，到现在都用了10几天了，虽然黑眼圈有些改善，但眼袋和皱纹基本没什么变化，而且淡斑效果不明显。”

导购：“美女，我理解您的意思了，您是说这个眼霜有点儿效果，但没有预期的好，是吗？”

顾客：“对啊，你们卖给我的时候说什么去黑眼圈、收缩眼袋、消除皱纹都可以的。”

导购：“美女，照您说的情况，我还要恭喜您呢，黑眼圈已经解决得差不多了，正是产品有效果的表现啊！而眼袋和眼角皱纹是经过几年甚至10几年的时间形成的，要消除肯定没有那么快。像您这种情况，继续使用一周，黑眼圈应该就没有了，但眼袋和眼角皱纹您还要坚持使用3个月以上。您一定要对产品有信心，坚持每天使用。如果您想要恢复得快一些，一定要注意休息，保证足够的睡眠，在电脑前的时间不要太长，这样才能让效果尽早显现。”

金牌技巧点拨

导购让顾客仔细说明原因，以便于对症下药，在了解顾客对产品缺乏足够的耐心之后，安抚顾客要坚持使用，并嘱咐顾客注意休息。顾客听了导购的这些解释之后，自然不会再多做纠缠。

101 情景演练 顾客说：“化妆品质量太差，用一次就过敏了”

NO ✕ 错误应对示例

1. “对不起，真是抱歉。”

高手指点 顾客用了之后过敏，这是一个很严重的问题，只是不停地道歉，根本没有用，顾客也不会因为道歉而消气的。

2. “这不是过敏，是使用后的正常现象。”

高手指点 那这句话就是在暗示顾客无理取闹，这样说很容易引起顾客的愤怒情绪，与导购发生争吵。

3. “那帮您退了吧。”

高手指点 退了之后顾客可能也不会善罢甘休的，还会要求索赔，这不是解决问题的有效办法。

WHY 一 深度情景解析

顾客使用化妆品过敏，这是很严重的问题。没有一位顾客愿意遭遇使用化妆品后产生的过敏反应，但过敏反应又是化妆品使用中普遍存在的概率性问题，即使在使用时非常小心，也难免会因为体质特殊而对化妆品产生过敏反应。如果导购在销售时没有就可能产生的不良反应进行说明，过敏问题的出现及过敏投诉发生的概率会更高。

顾客在皮肤过敏之后，往往会变得很愤怒，因此当顾客因为过敏问题来投诉时，一定要先尽可能缓解顾客的不良情绪，然后了解产生过敏反应的原因，否则投诉很容易演变成争吵，接着升级为索赔。顾客出现过敏反应，身体承受痛苦，而心里也承受沉重的压力，导购要体谅顾客，让顾客能完全释放其怒火。导购所表现出的负责到底的态度能够安抚顾客的情绪，尽快排查原因，给顾客一个满意的答复。

针对不同的过敏反应投诉，可以采取不同的处理方法，具体如下。

处理方法

顾客使用方法不当的反应

向顾客说明正确的使用方法，并提出产品使用的修正方案

顾客明显的过敏反应

不必再多做解释，强调只是和产品没有缘分，先退货，再做后续跟进处理

属于使用产品的正常反应

坚定顾客使用的信心，请顾客继续使用，并拿出说明书等书面资料向顾客做出解释

YES √ 实战强化训练 1

导购：“看起来确实有一些轻微的过敏反应。这个面膜的功效是以补水为主的，本身是比较温和的，一般不会有过敏反应，您这种情况跟您的使用方法有

关。您是油性皮肤，毛孔比较粗大，在使用面膜前要对皮肤进行彻底的清洁。以我的经验来看，是因为有部分油脂污垢和洗面乳残留在毛孔中，所以导致毛孔闭塞。您不必过于担心，您先停用 3 天，等皮肤完全恢复正常后再使用，在使用前先用洗面奶和润肤水对皮肤做一个彻底的清洁，再使用面膜就不会有什么问题了。”

金牌技巧点拨

对于顾客使用方法不当导致出现的不良反应，导购向顾客说明了正确的使用方法，并提出了修正方案，让顾客对怎么使用产品有了正确的认识。

实战强化训练 2

导购：“女士，确实是有过敏反应，这肯定不是您的错，只能说您和这款防晒霜的缘分不够。既然发生过敏反应，您可以直接把这款防晒霜退了，也可以更换一些温和一点儿的防晒产品。您觉得哪种方案更合适呢？”

顾客：“还是帮我退了吧！你说我这一脸的红色皮疹可怎么办？”

导购：“女士，您放心，我看到了，不是很严重。您停止使用后，一般几天内就会消退。注意恢复期间不要用手抓，也不要使用其他的化妆品或食用过辣的食物，红疹很快就能消退。我先给您办理退货，如果 3、5 天后皮疹还是不消退，您再来找我，咱们再想办法，好吗？”

金牌技巧点拨

对于有严重过敏反应的顾客，导购没有向顾客解释什么，而是直接给出顾客两种选择，在顾客选择退货后，尽快帮顾客办理退货手续，并提出了后续的跟进处理措施。

实战强化训练 3

导购：“女士，您先别着急，慢慢说。您放心，我一定会妥善处理的。我看您的脸是略微有点儿发红，这种洗面奶是去角质的，前几次使用会有轻微蜕皮和发红现象，属于正常反应，一般这种情况在一周内会自行消失的。虽然说明书上也说了，但我在您购买的时候没有特别向您强调，这是我的工作失误，我向您道歉，还请您多多包涵。您不用担心，产品可以正常使用的，您并没有过敏，坚持使用肯定能达到理想的效果。”

金牌技巧点拨

对于顾客使用产品后产生的正常反应，导购向顾客做出解释，同时提了一下说明书，并对顾客购买时没有特别做出说明向顾客道歉，最后坚定了顾客继续使用的信心。

102 情景演练 顾客强烈要求退货

NO ✕ 错误应对示例

1. “非常抱歉，您购买的产品已经超过退换期限，不能退。”

高手指点 暗示顾客在无理取闹，本来顾客就已经非常生气了，听了这句话，更容易发生争吵。

2. “对不起，我们规定不可以退货的。”

高手指点 只拿规定说事，顾客不会轻易就放弃退货的，这句话对顾客没什么说服力，同时会使其他顾客对店铺的服务和产品都产生怀疑，影响品牌形象。

3. “对不起，您已经使用过了，公司规定不能再退了。”

高手指点 如此冷淡、不客气地拒绝顾客，会导致顾客的面子受损，引起顾客的不满。

WHY 一 深度情景解析

退货是导购经常会遇到的问题，这些问题让人非常头疼。导购好不容易把产品卖出去，没想到顾客又要退货了，这肯定会让导购的压力骤然增加。

如果接受退货，不仅自己的业绩受到影响，还会打击对自己销售能力的信心。因此，在面对顾客的退货要求时，导购不仅要过顾客这一关，还要过自己的心态这一关。

顾客选择退货的理由有很多，有时是有明确的客观理由的，但很多时候顾客说不清楚具体的退货原因。因此，这类顾客已经做好了跟导购长时间周旋的准备。这个时候，如果导购只是不停地跟顾客解释门店的规定，反而给顾客提供了“发飙”的机会。

因此，导购对待这类顾客一定要热情且有礼貌，对于责任在门店的质量退货，也要先缓解顾客的情绪，然后提出折中方案，在顾客情绪缓解之后，彼此的交流就会比较容易，顾客要求也会降低一些。

在处理顾客退货要求时，导购可以按照以下四个步骤来进行。

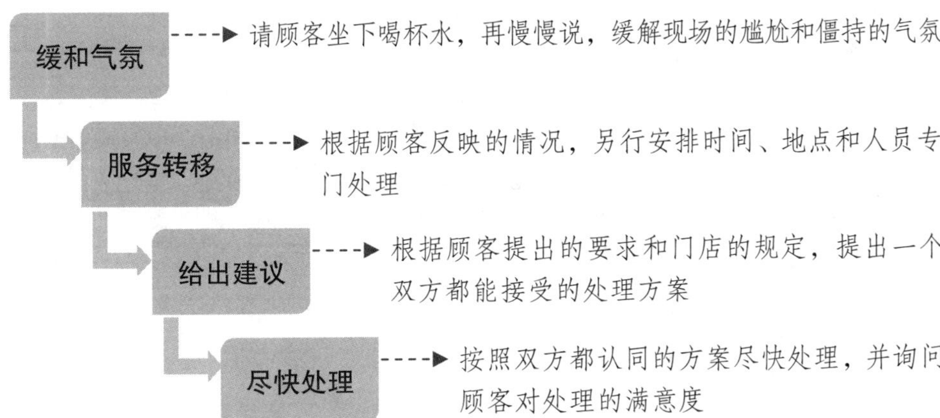

YES √ 实战强化训练 1

导购：“女士，您是什么原因想退货呢，您可以说得再详细一些吗？”

顾客：“肯定是质量问题了，我昨天回去打算用，一打开发现都变质了。”

导购：“真是抱歉！如果是我们质量的问题，肯定帮您退货的，您放心，我先代表我们店向您道歉，您稍等一下，我马上为您处理。”

顾客：“好的，尽快，我还有事儿呢！”

导购：“正在帮您处理，很快的。我需要向您说明一下，经过我们检查产品，发现出现问题的原因比较特殊，是被高强度的射灯长期照射引起的，是我们工作上的失误，把陈列产品拿给您了，再次请您谅解！女士，我有一个建议，既然不是产品的问题，我们帮您更换一盒新的怎么样？毕竟您也花了很长的时间挑选，如果因为我们的工作失误，让您放弃这套能给您带来美丽肌肤的产品不是很可惜吗？您如果接受调换，我们还可以额外送给您一套保湿套装作为补偿，您觉得如何？”

导购对出现的这种质量问题表示道歉，在确定是门店的失误后，向顾客提出调换的请求，并给予一定的赠品补偿。虽然确实是需要退货的问题，但导购也在尽量争取减少店铺的损失。

YES √ 实战强化训练 2

导购：“美女，您刚买的这套彩妆，今天就要拿回来退，为什么呢？”

顾客：“我觉得有点儿贵了，帮我退了吧！”

导购：“那我知道了，只是价格问题，不是质量上的问题。如果按照规定，不是质量问题肯定是退不了的。您也知道这是国际品牌，价格肯定不便宜，况且购买化妆品本身也不是买价格，而是买效果的。产品再贵，也是对自己的投资，绝对不会浪费。我的一位老顾客，每次来都要选最好的品牌，她经常说‘女人，就要对自己好一点儿’，为自己选择贵一点儿的化妆品，是对美丽的投资，钱都是花在自己身上的。您应该对自己的选择有自信。我帮您画个彩妆，您看一下效果，就会觉得物超所值了。以后您要是有时间，还可以拿着产品过来，我可以帮您免费化妆，您这边坐。”

导购先表明了立场，非质量问题不能退货，然后从产品的价值方面向顾客说明利益，并举出老顾客的例子帮顾客坚定继续使用信心，最后用免费化妆的附加价值消除顾客想退货的想法。

第九章

Chapter 09

直播带货情景口才训练与实战技巧

销售口才

如今直播带货呈现出全面爆发的趋势，电商直播能否成功，很大程度上受主播专业水平的影响。主播作为与观众互动的主体，在一定程度上影响了观众对产品的态度，因此要懂得通过沟通快速建立观众对自己和产品的信任，拉近观众与自己的距离，从而实现快速转化。

103 情景演练 直播开场，让观众快速产生沉浸感

NO ✕ 错误应对示例

1. “欢迎×××进入直播间。”

高手指点 如果主播只用这句话作为开场白则会显得过于单调，提不起观众观看直播的兴趣。

2. “欢迎欢迎，进来的朋友们，有没有对这款化妆品感兴趣的？”

高手指点 一开场就急忙进入直播主题，会让不了解主播或没有看过直播预告的观众云里雾里。

3. （有气无力）“嗨，大家好，谢谢大家来捧场。”

高手指点 直播互动时，主播要以饱满的热情面对观众，如果说话时有气无力，观众也不会提起观看的兴致，可能很快就会离开直播间。

WHY 一 深度情景解析

开场白是每场直播都不能缺少的重要环节，即使一开始没有多少人看，主播也不能敷衍了事。在开播时，主播要以饱满的热情和激情来面对观众，说一些有趣的开场白，以此来吸引观众的注意力。热场之后，主播再逐步进入直播的主题。

主播要尊重观众，对进入直播间的观众表示感谢，并在称呼上拉近与观众之间的距离，让观众感觉与主播是一家人。对于主播来说，赞赏观众只是一两句话的事，但对于观众来说，听到主播的赞赏会激发其良好的情绪反应，从而更有兴趣观看接下来的直播。

直播的开场白不用说太多，主播说完开场白之后最好不要急于进入直播主题，而是先对直播主题进行简要的介绍，让更多观众了解直播的内容。

由于观看直播的观众所处的环境各不相同，沉浸感也会有所不同。为了

给观众带来良好的观看体验，主播可以将不同环境的观众带入自己设定的直播场景中，这就需要主播懂得换位思考，能够结合直播主题将观众普遍关注的要点和痛点生动地描述出来。

YES √ 实战强化训练 1

主播：“非常感谢来到我的直播间的宝宝们，我每天的直播时间是××点到××点，风雨不改，进来的宝宝们没点关注的记得点个关注，点了关注的记得每天准时来我直播间看我直播哦！”

金牌技巧点拨

主播以饱满的热情感谢进入直播间的观众，并播报自己的直播时间，同时引导观众关注自己。这样不断向观众传递直播信息，不仅可以增加粉丝量，还能强化已有粉丝对主播的记忆和印象。

YES √ 实战强化训练 2

主播：“感谢宝宝们进入直播间，今天我给大家分享一些化妆棉的使用技巧，感兴趣的宝宝们记得点个关注哦！以后我会介绍更多简单、易上手的美妆技巧，宝宝们学会了以后也可以成为美妆达人！”

金牌技巧点拨

主播在感谢观众之后介绍了自己的直播内容，并引导观众加关注，同时为观众加关注给出了一个十分强大的理由，那就是跟着主播学习美妆技巧，成为美妆达人，这种利益会让观众情不自禁地对主播产生好感，并持续观看直播。

104 情景演练 热情互动，像“口红一哥”一样嗨翻全场

NO × 错误应对示例

1. “宝宝们，你们对这款口红有什么看法？”

高手指点 观众回答问题要打很多字，很麻烦，如果观众的诉求不是特别强烈，可能就会放弃互动。主播的提问应容易回答，以肯定或否定回答为主。

2. **观众：**“主播怎么不理人？”

主播：“发消息的人太多了，我不可能每个问题都回答。”

高手指点 主播的回答既不尊重观众，也忽视了其诉求，会让观众生气地离开直播间。这时应当安抚观众的情绪，并立即回答其问题。

3. **观众：**“你这款××的价格很高啊！”

主播：“一分价钱一分货，品质和低价不能兼得，如果想要低价产品，买了你就会后悔！”

高手指点 观众在提出质疑后，主播的回答有些蛮横，没有心平气和地回应观众，可能会让其心生不满。

WHY 深度情景解析

在直播过程中，主播要与观众实时互动，让观众感受到贴心的关怀，这样可以使观众的诉求得到回应，同时主播也可以获得观众的正向反馈。

在与观众互动时，主播可以采用以下 3 种方式。

发问型互动

主播提出的问题只能以肯定或否定来回答，让观众迅速反馈，以免冷场

选择型互动

主播让观众做出选择，使观众在反馈时只需选择一个答案

节奏型互动

主播引导观众在消息区发言，活跃直播间的气氛

除了主播的主动互动外，当有观众提出问题需要主播回答时，主播也要积极地予以回答，秉着尊重、耐心、友善的态度，打消观众的质疑，增加观众对主播的好感。

主播在直播间与观众互动时，应当情绪饱满、充满激情，最好形成自己独特的语言风格，让某句话成为自己的标签。这样做可以加深观众对主播的印象，既有利于涨粉，也有利于主播在用户群体和媒体平台之间的传播，扩大知名度，提升影响力。

提到“口红一哥”李佳琦，人们都会想到他的经典口头禅：Oh my God！买它！这句口头禅的作用到底有多大？李佳琦正是凭借这句口头禅登上微博热搜榜，成功出圈，被大众所熟知。同时，李佳琦在直播过程中常常处于比

较亢奋的状态，语速较快，音量大、音调高，即便观众中途进场，也能很快地被他吸引。

当然，主播在直播时并非要一直介绍产品，也可以适当增加一些闲谈话题，如拉家常、讲段子等，成为观众的知心朋友，拉近与观众之间的心理距离。李佳琦每天维持 3~6 个小时的直播时间，他并不只是卖货，而是会穿插讲述一些故事，如自己跟厂商谈判的故事、产品背后的故事、直播间粉丝体验产品的故事等。观众喜欢看到一个真实、活生生的人，一个擅长与观众聊家常、讲故事的主播，可以让观众产生共鸣，觉得真实、接地气，所以会对主播更加信任，更有好感。

另外，主播可以在直播间进行一些有趣的小实验，突出美妆产品的功能和特色。李佳琦经常在直播间为观众做一些富有趣味性的实验来展示产品的核心卖点，同时也增加了直播内容的趣味性、互动性和话题性。例如，化妆后没加散粉前，在手上撒珠子，珠子会黏在手上，撒上散粉以后，珠子就会掉落，突出了散粉的定妆性能，从而让观众不禁产生“太有意思了，看起来很有效”的感慨。

YES ✓ 实战强化训练 1

主播：“……刚刚给大家分享的小技巧大家学会了吗？学会的打个 1，没有学会的打个 2，我看有多少人掌握了。”

金牌技巧点拨

这种问题只用肯定或否定回答，并适时引导观众用 1 和 2 来指代肯定和否定回答，更便于观众进行反馈，能够让其迅速参与到直播互动中。

YES ✓ 实战强化训练 2

观众：“主播怎么不理人？”

主播：“抱歉，咱们直播间的消息好多，我刚才没注意到你发的问题。我没有不理你，如果我没有看到你的消息，你可以多刷几遍哦，我看到后会马上回复你，不要生气哦！”

金牌技巧点拨

主播在看到观众的问题以后，知道观众很不满，于是立刻安抚其情绪，向其道歉，给出合理的解释，并给出针对此问题的解决方法，充分表达了自己的诚意，让观众获得尊重感，并原谅主播。

YES √ 实战强化训练 3

李佳琦："Oh my God！这也太好看了吧！"
"买它！买它！翠花秒变索菲亚！"

金牌技巧点拨

李佳琦在直播时通常会说一些情绪强烈的句子，全程语速较快，音量大，音调高，始终保持充满激情的亢奋状态，语句虽然简单，但是极具引导性，很容易激发观众的消费欲望。

105 情景演练 提供利益信息，让观众一直留在直播间

NO × 错误应对示例

1. "宝宝们，今天我给大家带来的这款精华霜的价格是 350 元。"

高手指点 主播直接说出产品价格，没有对产品做任何铺垫，显得很平淡，很难激发观众的购买欲望。

2. "宝宝们，注意啦！凡是今天下单购买这款面霜的，都赠送价值 150 元的面膜！"

高手指点 主播这样说没有紧迫感，观众会觉得赠品很容易获得，从而延长犹豫的时间，也就增加了成交的可能性。

3. "宝宝们，这款产品我拿到了最低价！"

高手指点 这种说法没有场景感，观众也不能确定是否是真的最低价，让其难以信服。

WHY 深度情景解析

主播在带货时，要多次强调产品的优势，可以提前规划好营销策略，模拟美妆产品的使用场合，挖掘观众的痛点，阐述产品的卖点，把美妆产品的使用感受、产品原料、包装、价格和功能等优势呈现出来，通过利好政策、促销活动（如买赠、折扣、限时秒杀、限量促销、抽奖、发红包、送优惠券

等活动形式）引导观众互动刷屏，想方设法留住观众，激发他们的购买欲望，促使其完成购买行为。

要想最大限度地延长观众停留在直播间的时间，主播要善于把握观众的消费心理。例如，每个人都有从众心理，主播可以充分利用这一点，如“这款产品之前在我的直播间已经卖过上千套了，零差评”。

此外，人们都爱听故事，在卖货时可以通过讲故事让观众沉浸其中，这样就会淡化推销的痕迹，更容易被观众接受。在讲故事时，可以营造一个生动的场景，增强语言的说服力和感染力。

YES √ 实战强化训练 1

主播：“这款保湿面膜源自法国，保湿的同时还可以修护肌肤屏障功能，为宝宝们的肌肤构筑强大的“防护盾”。第一次使用，肌肤的水润效果就很明显；坚持使用，可以大大提升肌肤的含水量和锁水力。”

观众：“我的皮肤粗糙，要用多久才能有效果呢？”

主播：“这个要看个人肤质，一般用 7 天以后肌肤就会变得平滑柔嫩，让粗糙的肤质得到很大的改善；坚持使用 4 周可以修复肤质，强化肌肤的屏障功能。”

金牌技巧点拨

主播向观众介绍了面膜的原产地、使用效果和功能，并及时回答观众的提问，观众一直能够获取有价值的信息，对产品的价值有更加深入的了解，从而让观众逐步产生购买的欲望。

YES √ 实战强化训练 2

主播：“宝宝们，这款护手霜最近是爆款，昨天库存 1 000 件，不到一分钟就被抢购一空。应宝宝们的要求，今天我又为大家争取到一些货源，而且今天还有更大的惊喜带给大家，就看大家的热情有多高涨了，赶快发送 1，让我看看有多少宝宝想要这款护手霜。”

（看到消息区出现大量 1）

“哇，看来大家真的很想要！说到做到，下面我就来揭晓送给宝宝们的惊喜大礼。宝宝们，只要购买这款护手霜，我们还额外赠送 40 毫升的爽肤水、7

毫升的面霜和 5 毫升的精华乳，另外再送一个纪念品牌成立 9 周年的环保袋。还犹豫什么呢？赶快抢购吧！”

金牌技巧点拨

主播引导观众参与互动，渲染直播间的氛围，同时用赠送礼品来激发观众的购买欲。在这样的氛围下，观众会热情高涨，在主播揭晓惊喜大礼的情况下很有可能会不由自主地购买产品。

YES √ 实战强化训练 3

李佳琦：“我拿到这个价格以后，××产品总部的大老板知道之后，亲自打电话给中国的总裁说，不行，你不能卖这个价格，你卖了这个价格之后，我们以后怎么办？但是中国的老板说，那没办法，我已经答应了李佳琦，只能是这次卖完这个价格，以后再也不卖这个价格了。”

金牌技巧点拨

李佳琦将产品的售价用故事的形式阐述出来，营造了一个富有感染力的场景，其中隐含了“这款产品以后再也不会如此低价”的信息，从而暗示观众一定要抓住这次机会。

106 情景演练 直播“种草”，亲自试用更有说服力

NO × 错误应对示例

1. “这是我最喜欢的面膜品牌，用着效果非常好，所以大家不用犹豫，赶紧下单购买吧！”

高手指点 主播用起来效果好，不代表产品适合所有人，这样说显得急功近利，如果产品不符合观众的需求，就会损坏主播和品牌的形象。

2. **观众：**“主播是不是没有卸妆？”
主播：“难道你不相信我是素颜？”

高手指点 在观众提出质疑时，主播不应当情绪化地反驳，这样说会让观众非常不高兴，认为主播情绪控制力太差，甚至会更怀疑主播不是素颜。

WHY 一 深度情景解析

所谓“种草”，就是指分享推荐某一商品的优秀品质，以激发他人的购买欲望。直播带货的缺点就是观众无法直接接触产品，只能通过主播“种草”来熟悉产品。因此，只有让观众对产品建立一定的信任感之后，才能促使其下单。

主播可以通过亲自试用产品来现身说法，让观众直接看到产品的使用效果，这样会在很大程度上增强其购买的信心。例如，李佳琦在介绍美妆产品时，经常亲自试用，将口红涂抹在手上、手臂上或嘴唇上进行试色，或者在介绍面膜、洗面奶等护肤品时让助理配合化妆，他在一旁负责讲解功能、成分。现场试用增强了视觉传达，穿插在整场直播中，降低了直播的重复感，刺激观众产生购买欲望。

主播在使用美妆产品时，一定要素颜或淡妆出镜，并使用合作供应商提供的产品，将广告信息不经意间传递给观众，停留在他们的心里，从而使其产生购买欲望。在直播时，主播不仅要正确演示产品的使用方法，还要说出产品的使用心得，同时密切关注观众的反馈，积极地与观众进行互动。

只有在直播时给观众提供正确的产品知识和保养知识，持续关注观众的问题并进行解答，才能让产品得到最大限度的关注，同时主播也可以根据观众的想法指导后期选品。

YES ✓ 实战强化训练

主播：“欢迎大家来到我的直播间，我是主播×××，今天给大家分享一下我对早春妆的见解。一会儿我先护肤，然后化妆。如果今天大家点赞超过10万的话，我会举行一次抽奖，奖品就是我使用的品牌产品。好了，那我们开始吧！

“在上妆之前，我一般会敷一片面膜来给面部肌肤做一个水润的打底，这样可以让妆容更加服帖。我以前用过很多品牌的面膜，国内国外的都有，但我最近在用××品牌的修护滋养面膜，用完以后感觉很水润，保湿效果很好。我来敷一下吧！”

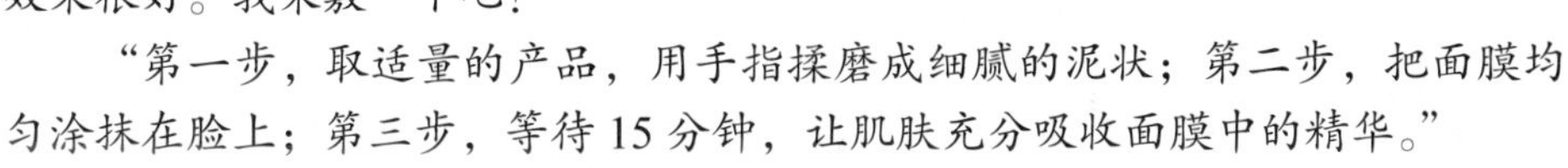

“第一步，取适量的产品，用手指揉磨成细腻的泥状；第二步，把面膜均匀涂抹在脸上；第三步，等待15分钟，让肌肤充分吸收面膜中的精华。”

（敷面膜的过程中回答观众提出的问题）

观众："我的脸上长痘痘，能不能敷面膜？"

主播："如果你的脸上正在长痘痘，面膜中的营养物质和潮湿的环境会刺激痘痘生长，所以脸上长痘痘的时候尽量不要敷面膜。"

观众："每天都需要敷面膜吗？"

主播："如果皮肤干燥起皮，上妆不服帖，这时候来一片是很好的，不需要天天敷，具体还要看自己的皮肤状况。"

（15 分钟时间到了）

主播："好了，现在我就要去掉面膜了，宝宝们，一定要注意，不要等到面膜干了再去掉。我们可以用温水以打圈的方式洗掉面膜，就这样，看到了没有，是不是发现我的脸看起来更光滑了？"

金牌技巧点拨

主播首先介绍了自己当天直播的流程，让观众对直播内容有一个大概的了解，同时引导观众点赞，用奖品来激励观众持续观看。在"种草"过程中，主播不仅熟练地演示了产品的使用方法，还积极地与观众互动，回答观众提出的问题。这样做在无形中提升了观众对主播和产品的好感度，再加上主播对使用效果的直观展示，观众购买产品的可能性会很大。

107 情景演练 五步销售法，让观众忍不住买买买

NO ✕ 错误应对示例

1. "有没有喜欢这款防晒霜的？"

高手指点 在直播间直接这样说会显得太突然，无法引起观众的共鸣，效果自然也就不会太好。

2. "如果你脸部发干一定要注意了，这是肌肤衰老的表现，要赶紧补水！"

高手指点 这种说法过于夸张，头脑比较理智的观众对此会非常反感，甚至会离开直播间。

WHY 深度情景解析

很多人在直播带货过程中有过这样的困惑：自己直播了很长时间，互动量特别少；我讲了半天，几乎没人感兴趣，没有人下单，这是怎么回事？

没人下单的原因

观众没需求

主播不知道如何将产品与观众建立联系，让观众觉得自己需要某产品

观众没兴趣

主播不知道如何介绍产品的亮点，打消观众对产品的疑虑，从而勾起他们对产品的兴趣

观众没欲望

主播不了解观众的消费心理，没有用销售策略刺激观众迫不及待地下单

产生以上问题的原因主要有以下几点。

直播间的观众往往耐心不够，一旦主播无法在短时间内吸引他们的兴趣，这些观众很有可能会退出直播间不再回来。如果主播不懂带货直播的销售技巧，只是一味地描述产品，自然无人问津。

要想解决这个问题，主播可以采用五步销售法来唤醒观众的需求，打消其顾虑，引起兴趣，让观众忍不住抢着买。

所谓五步销售法，分为提出问题→放大问题→引入产品→提升高度→降低门槛五个步骤。

第一步：提出问题

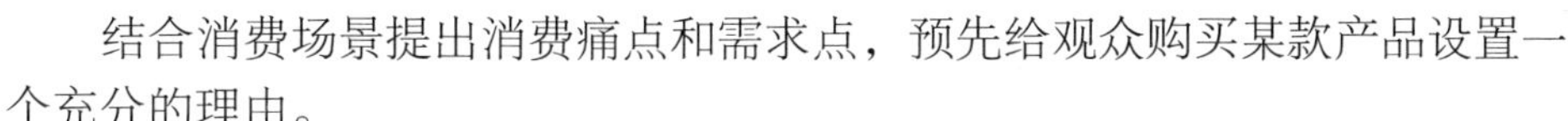

结合消费场景提出消费痛点和需求点，预先给观众购买某款产品设置一个充分的理由。

第二步：放大问题

放大问题时要全面化和最大化，尽量把大家忽略掉的问题和隐患都放大。

第三步：引入产品

引入产品，解决之前提出的问题。

第四步：提升高度

详细讲解产品，并通过品牌、原料、售后等方面来增加产品的附加值。这一阶段需要主播有丰富的专业知识做支撑，让观众对产品产生一种仰视的态度。

第五步：降低门槛

为观众讲解优惠和渠道的优势，降低观众最后的购买心理门槛，以促成销售。

李佳琦在直播时往往可以用非常平淡无奇的话来打动观众，其实他的销售话术公式与“五步销售法”大同小异，分别为还原场景、抬高需求、展示亮点、灌输理念与促进成交。

- 还原场景：场景包含环境和状态，描述场景可以激发观众的情绪，引起观众的注意。
- 抬高需求：帮助粉丝总结出他们的需求，并指出该需求很容易被满足。
- 展示亮点：强调产品的品牌和功能，打消观众的顾虑。
- 灌输理念：给出你的理念，并提供信任担保，强化认同感。
- 促进成交：降低购买门槛，展示赠品，强调限时限量，激发观众的购买冲动。

实战强化训练 1

主播：“这几天的天气真是暴晒啊！真的很羡慕那些皮肤怎么晒也晒不黑的人。有些人的皮肤一晒就变黑，所以虽然很喜欢夏天，但是夏天的暴晒又让他们感到痛苦万分。（提出问题）

“现在才刚进入夏天，到秋天还要等好几个月，真是煎熬！估计等到秋天的时候有些人要被晒成黑炭了。难不成就一直躲在家里？（放大问题）

“所以说防晒真的很重要。防晒都有哪些方法呢？我们可以穿防晒衣，涂抹防晒霜、防晒膏，使用防晒喷雾……我这就有一款超级好用的防晒霜，能够帮助宝宝们躲避紫外线的伤害。（引入产品）

“这款防晒霜是法国著名品牌，采用优质的防晒剂……如果遇到质量问题，可以免费退换。（提升高度）

“赶快下单购买这款防晒霜吧，当前活动价只要××元，只限今天，我们会再抽几位幸运的宝宝赠送防晒喷雾……”（降低门槛）

金牌技巧点拨

主播采用“五步销售法”来说服观众，先是提出怕晒黑的痛点，然后放大这一痛点，接着引入要推荐的防晒霜产品，并详细介绍了该产品的优势，在最后给出产品的活动价和活动截止时间，并用抽奖的形式促成销售。主播推荐产品时不能过于唐突，而要一步步地将观众引入情境，非常自然地向其推介产品，从而进入销售状态，达到销售目的。

YES √ 实战强化训练 2

李佳琦：“一遇热水就泛红，一用养肤性强的精华面霜，皮肤就开始红肿的女生在不在？爱长痘痘的女生在不在？长了痘痘有粉色痘印的女生跟脸部红血丝很严重的女生在不在？（还原场景）

“我给你推荐一款李佳琦自用款的修红精华液，只要你的肌肤闹情绪，这一瓶就是可以稳住它的产品。（抬高需求）

“它虽然贵，但是它真的好用，为什么？朵梵是雅诗兰黛集团下面专门做芳疗的护肤品牌。她们家这款精华就是帮你镇定修复加维稳，让你的皮肤不过敏，让你的肌肤小情绪都舒缓下来。（展示亮点）

“我就一句话，trust me！有经济条件的，买它！你把你的肌肤调整好状况之后，再去用大牌化妆品，你的大牌化妆品才会被吸收。调整不好，你用再多大牌化妆品都不吸收的。李佳琦自用款，我用空无数瓶的精华！（灌输理念）

“今天给大家做的是限量包装，大瓶精华 50ml，还附赠她们家亮灯化妆镜，还会送一瓶她们家最有名的橙花精露 4ml，还有 5ml 的舒缓面霜，然后佳琦直播间再加 5ml 的舒缓精华，再加两个 50ml 的洗面奶，这么多到手，只要 680 元，我只有 1600 套。321 上链接，来咯！”（促进成交）

金牌技巧点拨

李佳琦采用“还原场景+抬高需求+展示亮点+灌输理念+促进成交”话术公式，首先帮助观众提出了购买理由，并提出可以解决问题的产品，用产品成分、权威背书等角度为产品加分，并向观众承诺产品的效果，最后制造稀缺感，刺激观众下单。

108 情景演练 高效催单，让观众在狂欢气氛中买它

NO × 错误应对示例

1. “不用着急，这款产品我们的库存还有很多。”

高手指点 听到库存很多，观众可能就真的不着急了，会有更多的时间思考是否购买，这样一来放弃购买的可能性无形中就加大了。

2. “这款产品和别的不一样，是不可能降价的。”

高手指点 直播间的观众大多对价格很敏感，如果不降价，不给观众提供优惠和福利，他们很有可能就放弃购买了。

WHY 一 深度情景解析

催单之前，要吊足观众的胃口，正式催单时就可以宣布价格了，要让观众觉得物超所值，例如，强调促销政策，包括限时折扣、前××名下单送等价礼品、现金返还、随机免单、抽奖免单等，让观众的购买热情达到高潮，从而促使大批观众集中下单。

据心理学研究表明，同样数量的东西，人们在失去它时所感受到的痛苦要远大于得到它时所获得的欢乐。也就是说，人们对损失的反应比对获得的反应要敏感得多。与“得”相比，人们更在乎“失”，也会有意无意地尽量避免“失”，这就是损失规避心理。主播在直播时反复强调“限时”“限量”，就会让观众产生“错过了就买不到了”“不抓紧买，就被别人买光了”等心理。

例如，李佳琦就十分擅长引导和控制销售的节奏，他会控制每次上架产品的数量，将每款产品分为3~4次上架，每次被抢光之后再补货，同时播报产品的库存，“500、400、100，没了！”“最后5000套，赶快抢！”给观众带来抢购的紧张感。

在催单时，主播一定要营造出秒杀和狂欢节的氛围，让观众觉得非常兴奋，促使其尽快下单。

如果观众下单有顾虑，常见的方法是洞悉其顾虑，主动讲出观众顾虑的问题，给出一个让他们放心的解答。例如，李佳琦在直播间常说某产品“孕妈妈也可以放心使用”“小朋友也可以放心使用”等，这并不是将买单用户锁定在孕妇和小朋友身上，而是通过阐明对安全有严格需求的孕妇和小朋友群体也可以使用来证明产品“安全、可靠、无刺激”，从而让更多的观众放下对安全性和刺激性的顾虑，迅速下单。

YES √ 实战强化训练 1

主播：“原价299元，今晚只要99元，我再送三样赠品，绝对是物有所值，所以一定不要错过！”

金牌技巧点拨

主播通过对比原价和现价，再加上赠品，让观众看到购买产品的优惠力度很大。同时，主播的语言感染力很强，用十分肯定的语气推动观众下定决心购买产品。

实战强化训练 2

主播：“现在直播间有 5000 人，我宣布，今天就送前 600 名等价礼品，我倒数 5 个数，赶快抢购：5（助理配合说‘还剩 400 单’）、4（助理说‘还剩 200’单）、3（助理说‘没了！没了！’）……”

金牌技巧点拨

主播与助理紧密配合，用倒计时的方式炒热了购物氛围，制造了获得等价礼品的紧迫感，同时不断减少的单数也在催促观众赶快抢购。

实战强化训练 3

主播：“宝宝们，下单购买 299 元护理套装，里面有洗面奶、爽肤水、乳液、面霜，另外赠送一套面膜和一个洗面奶试用装，限量供应，只有 100 个名额，先到先得！”

金牌技巧点拨

主播将赠送产品和限量供应两种方式相结合，不仅让观众产生了损失规避心理，还会有种占便宜的感觉，从而迅速抢购。

109 情景演练 给予下单指导，让观众顺利购买不迷路

错误应对示例

1. **观众：**“在哪里领优惠券？”

   主播：“我刚才不是说过好几遍了吗？”

高手指点 这样回答主播显得很不耐烦，态度不好，不帮助观众解决问题，本来想买的观众也会生气地放弃购买。

2. **观众**：“下单的界面怎么和你说的不一样？”

主播：“怎么可能？是不是你弄错了？”

高手指点 当观众提出问题时，主播却把责任推给观众，不帮助观众解决问题，观众很可能会因为问题得不到解决而放弃购买。

WHY 深度情景解析

引导下单，就是当观众对产品没有太大抗拒的时候，有经验的主播会适时地做出引导动作，起到“推一把”的作用，促使观众完成购买行为。

主播要把自己当作服务者，在直播过程中要不厌其烦地向观众讲解演示，这样不仅可以引导观众下单，还能排除在下单过程中由于观众不熟悉操作而放弃购买的隐患。

主播要能站在观众的角度，帮助其排除下单操作中的障碍，耐心解释某些复杂的操作，这不仅有利于满足观众的购买需求，也有利于增加产品的成交量。因为当巨大的流量涌入直播间时，仅仅一个晚上就可能产生非常大的销售额，哪怕只有 1%的人不熟悉操作而下单失败，带来的销量损失也非常大。

李佳琦及其助理就十分擅长使用直播道具来为观众提供下单指导，在谈到购买流程时，李佳琦的助理会用手机演示领券的流程或提醒观众在购买时要备注自己的名字。

主播在引导观众下单时，口齿要清晰，并尽可能让自己的声音富有魅力，如充满磁性、声音甜美等，这样观众听着会很舒服。

YES 实战强化训练

主播：“先进入我的店铺领 40 元优惠券，然后下单的时候把数量填成 2，填成 2 就是 10 件，10 件到手价 88 元。找不到界面的宝宝们不要着急，我的助理会为大家演示……”

金牌技巧点拨

主播耐心地为观众讲解领取优惠券的步骤，同时让观众不要着急，让助理配合演示领取优惠券的位置和下单界面操作，从而使观众明确购买流程，顺利地买到自己心仪的产品。

110 情景演练 直播预告，在直播结束时与观众做个约定

NO ✕ 错误应对示例

1. “时间到了，我要下播了，再见！”

高手指点 主播下播过于着急，没有与观众做好直播结束时的互动，让观众觉得不真诚和敷衍，从而慢慢失去对主播的兴趣，以后可能就不再看了。

2. “宝宝们，我马上要下播了，明天同一时间不见不散啊！”

高手指点 这句话对于那些第一次来看直播的观众不太明朗，他们可能不太清楚所谓的“同一时间”具体是什么时间，从而影响再次观看直播。

3. **观众：**“我想加入粉丝群，怎么加啊？”
   主播：“进我的主页就能看到了。”

高手指点 主播说的这句话有些含糊，观众可能不得要领，影响其成为主播的粉丝。遇到这种问题时，主播应当详细说明加入粉丝群的步骤。

WHY 一 深度情景解析

直播结束并不意味着万事大吉，要想扩大“战果”，在之后的直播过程中继续带领观众狂欢，同时增加销售额，主播就不要忘了在直播结束时做直播预告，预告下场直播的产品名称、产品的卖点，以及观众可以获得什么福利等，以增强观众的期待感。

由于观众中既有粉丝，也有初次观看的“路人”，所以主播要考虑到这一点，不能简单地说一声“不见不散”，而要具体说明下次直播的时间点，这样不仅可以强化粉丝的记忆，同时也能让“路人”加深印象。

主播可以用暖心的话语作为结束语，例如感谢观众，让观众感受到主播一直满怀感恩之心。

同时，对于那些已经购买产品的观众来说，主播要继续打消其对售后服务的顾虑，让其添加客服微信，或者加入粉丝团等。

实战强化训练 1

主播：“时间过得好快啊，宝宝们，我该下播了。想买最新款补水面膜的宝宝们，没有关注的记得点个关注，没有抢到的也不要着急，明天晚上 8 点，我们不见不散，到时候福利会更多哦！”

金牌技巧点拨

主播在下播时提醒观众点击关注，并安慰那些没有抢到产品的观众，同时预告下次直播的具体时间，并用更多的福利来刺激观众产生强烈的期待感，为下次直播提前预热。

实战强化训练 2

主播：“要下播了，明天晚上 7 点我还在这里等着你们哦！已经下单的宝宝们，有什么问题可以直接问客服，或者加入粉丝团。加入粉丝团可以享受更多的福利和优惠哦！”

观众：“怎么加入粉丝团？”

主播：“首先关注我，然后在我的头像右侧会看到一个心形标志，点击进去就可以加入粉丝团了。……还有什么问题吗？如果没有问题我就下播了。十分感谢今晚有你们相伴，明晚不见不散，再见！”

金牌技巧点拨

主播在下播时向观众说明了下次直播的具体时间，同时做好了售后说明，引导观众加入粉丝团。当有的观众不知道如何加入粉丝团时，主播耐心地指导，并询问观众是否还有其他问题。直到观众不再提出新问题时主播才下播，并在下播时不要忘记感谢观众的支持。